SERGIO TULBOVITZ

CONGAS/TUMBADORAS

DESARROLLO TÉCNICO Y RÍTMICO

© 2009, Sergio Tulbovitz
© 2009, Perro Andaluz Ediciones. Montevideo/Uruguay
© 2017, 2ª ed., Perro Andaluz Ediciones
© 2025, 3ª ed., Books on Demand

© *Transcripción de partituras*: Santiago Bosco
© *Grabación y edición de audio*: Alvaro Reyes
© *Grabación y edición de vídeo*: Nacho Seimanas
© *Maquetación y Diseño*: Lino García Morales

Editorial: BoD · Books on Demand, Calle de Manzanares 4,
28005 Madrid, bod@bod.com.es
Impresión: Libri Plureos GmbH, Friedensallee 273,
22763 Hamburg (Alemania)

ISBN: 978-8-4132-6847-7

Índice general

6

Índice de figuras

Dedicado a la memoria de mis padres

Rosa y Elías

A mis hermanos Marcelo y Ernesto

A Susana y Paula.

Prólogo

Tengo ante mí un libro-método de percusión el cual, sin abrir sus páginas aún, intuyo a priori qué me voy a encontrar. Pero esto no significa que posea yo algún tipo de don de clarividencia o que haya perdido la capacidad de asombro, sino que, conociendo al autor de la manera que lo conozco, deduzco de inmediato no solo la calidad del material incluido en el mismo, sino el tipo de herramientas y recursos provechosos que le aportarán instrucción al percusionista estudiante ávido de aprendizaje del tambor, *La Tumbadora*.

Pero, además del conocimiento que tengo sobre Sergio Tulbovitz como profesional, como ejecutante del instrumento, como percusionista en general, como músico, como colega y sobretodo como amigo entrañable, cuento con el conocimiento del amor, el empeño y la pasión con que ha trabajado por mucho tiempo en este material para contribuir algo sumamente útil, diferente, entretenido, altamente comprensible y necesario para adquirir sabiduría sobre el tema en particular.

Me une a Sergio, además del amor al instrumento y sus desarrollos, una cierta mirada coincidente de la música en general, la percusión en particular, las artes, las ciencias, la política, los padecimientos en épocas de dictaduras de uno y otro lado de las diferentes orillas del Río de La Plata, Uruguay y Argentina, Montevideo y Buenos Aires, cada ciudad con sus características tan parecidas en cuanto a idiosincrasia. Y por supuesto nos une también la pasión por el ritmo más representativo de raíz afro-uruguaya, el Candombe, en el cual prácticamente todos los percusionistas de estas latitudes hemos abrevado, nos hemos nutrido de él y ha sido no sólo la puerta de entrada al tambor, sino la inspiración necesaria para, desde allí, incursionar casi de inmediato en todas las demás culturas tamboreras afrocubanas y afrolatinoamericanas.

El aprendiz que comience a experimentar y practicar con este libro, encontrará aquí una serie de ejercicios para la correcta ejecución de La Tumbadora, varios ritmos afrocubanos ubicados en su contexto socio histórico, rudimentos para desarrollar y elevar el nivel de ejecución y de improvisación, ejercicios de independencia (por supuesto todo con su correspondiente notación musical), fotografías ilustrativas, etc., etc. En un tomo con una excelente calidad de edición e impresión. Contará, además, con la posibilidad de ver videos demostrativos ejecutados por el propio Sergio Tulbovitz en varias Tumbadoras, correspondientes a los diferentes ejercicios y ritmos, a los cuales podrá acceder *online* mediante códigos QR.

Por otra parte destaco la modalidad del libro físico como material de consulta permanente. No porque fuera un utensilio romántico, sobretodo para quienes pertenecemos a cierta generación, la cual no ha tenido la oportunidad del uso de internet como herramienta para su formación, sino porque en el formato físico de un libro subyace en sus páginas la impronta, la sustancia del autor, del escritor.

Es de agregar, además, que se debería tener especial cuidado en el uso indiscriminado de las redes, donde muchas veces con ciertos tutoriales extraídos aleatoriamente desde las plataformas virtuales híper masivas que todos conocemos, podrán verse videos que tal vez confundan a incautos estudiantes, inexpertos aún en discernir qué es positivo y qué no lo es para el aprendizaje, ya que así como muchas cosas que se exponen en estos sitios de Internet pudieran ser herramientas interesantes, también debemos saber que muchas otras no necesariamente son eruditas ni claras y, como tal, pueden producir confusión o caos en la práctica cotidiana con la consecuente frustración a futuro del alumno inocente. Por todo esto celebro la aparición de este libro tangible, palpablemente didáctico, y no en forma de instructivo virtual.

Por último… podría tal vez haber hecho yo de este prólogo un escrito perspicaz, pseudo-intelectual, quizás especulativo en términos floridos, incluso citando musicólogos, expertos eruditos en la materia, teóricos renombrados o filósofos conocidos, para darme aires de sabihondo, jajajaja, pero prefiero aparecer auténtico hablando del libro en especial y no caer en la trampa autorreferencial. Y, si bien aún hoy no sé cuál habrá sido el motivo especial por el cual me convocó Sergio Tulbovitz para encabezar este libro-método «CONGAS/TUMBADORAS Desarrollo técnico y rítmico», es un honor para mí que me haya hecho partícipe del mismo.

Espero haber encontrado las palabras adecuadas y la atmósfera necesaria para relatar y detallar las bondades de adquirir esta obra para ponerla en práctica y experimentar lo agradable que será aprender las bellezas que nos regala poder tocar la Tumbadora con habilidad, maestría, ingenio y pasión.

Un gran abrazo.

Juan Carlos Marras
Músico percusionista y docente argentino.
Buenos Aires
9/2/2025

Autor. En el Instituto Superior de Arte de La Habana (1988).

Quien soy

Soy licenciado en Música con especialización en Percusión por el Instituto Superior de Arte de La Habana (ISA), Cuba. He estudiado percusión sinfónica y afrocubana, además de haber tomado cursos de candombe, percusión corporal, brasileña y percusión con señas, entre otros.

He tocado y grabado con artistas como José Alberto «El Canario», Donna Summers, Gloria Gaynor, Armando Manzanero, Hugo y Osvaldo Fattoruso, Fernando Cabrera, Leo Masliah, La Vela Puerca, Cuarteto de Nos, entre otros. También fui fundador integrante de varias bandas como Patakin (Salsa), Latin Banda (Jazz Latino) y Habáname (Canción Cubana).

Durante más de 25 años fui percusionista en la Orquesta de la Universidad del Trabajo de Uruguay y por 21 años percusión solista en la Banda Sinfónica de Montevideo.

La docencia es otra de mis pasiones, con más de 30 años de experiencia enseñando percusión. En España, fui profesor en el proyecto La Música del Reciclaje y ahora imparto clases de batería y percusión en el Centro Cultural La Caja del Arte, en Torrejón de Ardoz (Madrid).

Actualmente sigo tocando y participando en diferentes proyectos musicales en Madrid.

Contacto

email: esetulbo@gmail.com
Facebook 🔲 :/Sergio.Tulbovitz
Instagram 🔲: sergiotulbovitz

Agradecimientos

A Cuba y su gente
Mis profesores en La Habana
Justo Pelladito
Gregorio Hernández
Jorge Valcarcel
Marcos Valcarcel
Luis Barrera
Lino Neira
Roberto Concepción
Roberto Vizcaíno
José Luis "Changuito" Quintana
Roberto Hernández
David Ortega
Tomás Jimeno
José Eladio Amat
Yaroldi Abreu
Yusnier Sánchez
Ángel Atienza
Rodolfo Fuentes
Pablo Meneses

Nacho Seimanas
Álvaro Reyes
Santiago Bosco
Luis Morales
Gustavo Goldman
Elsa Methol
Cristina Sosa
Soledad Poggio
Sebastián Pereira
Daniel "Tatita" Márquez
Osvaldo Fattoruso
Jorge Trasante
Edgardo Cambón
Ana Olivera
Luis Villar
Carlos Villar
Rosana Greciet
Lino García Morales
Juan Carlos Marras

NO HAY QUE OLVIDARSE DE LA GUITARRA Y LA TUMBADORA...
JAIME ROOS, *EL TAMBOR*

CADA GOLPE QUE DAS A LA TUMBADORA ES UNA CONVERSACIÓN. ES
CONTARLE AL MUNDO UNA HISTORIA DE TRADICIÓN, RITMO Y PASIÓN.
GIOVANNI HIDALGO

Introducción

ESTE LIBRO es el resultado de un proceso que comenzó hace algunos años, en ocasión de una clínica de congas que ofrecí en Todomúsica, en Montevideo y en el Festival Ritmos da Terra en la Universidad de Campinas, Brasil. Para esa ocasión preparé un repartido que incluía diferentes aspectos técnicos y ritmos afrocubanos.

A partir de aquel trabajo seguí investigando y desarrollando conceptos, fruto de mis estudios en Cuba. En el año 2004 volví a la Isla, a participar del Festival de percusión PERCUBA, y tomé cursos de actualización de congas y tambores batá.

Asimismo, la experiencia docente de más de 15 años me ha permitido poner en práctica, y evaluar el resultado de la mayor parte del contenido de este libro, amén de la enseñanza que he recibido de mis propios alumnos.

El libro se divide en dos áreas, que denomino *Desarrollo técnico* y *Desarrollo rítmico*.

En el aspecto técnico se abordan diferentes ejercicios basados en la técnica cubana de las tumbadoras o congas: los sonidos básicos y sus combinaciones, el trabajo de las dos manos por igual, y los rudimentos del tambor (redoblante) aplicados a la congas, aspecto éste, vinculado a las nuevas posibilidades técnicas del instrumento. También se tratan aplicaciones de estos recursos técnicos a una, dos y tres congas.

En el aspecto rítmico, se trabajan algunos de los ritmos bailables cubanos más populares como la marcha o tumbao, el pacá, el songo y el pilón.

Por otro lado, incluyo algunos ritmos del rico folklore afocubano como la rumba guaguancó, los toques congos, y ritmos de los tambores batá pertenecientes al aporte yoruba en Cuba. Todos estos ritmos están presentados en su versión tradicional folklórica y luego con diversas adaptaciones a las congas para ser ejecutadas por un solo percusionista.

Por último, presento el ritmo afrouruguayo del candombe, que se ejecuta originalmente en tres tambores y, siguiendo el mismo criterio anterior, incluyo diversas adaptaciones en dos y tres congas.

Espero que el presente trabajo constituya un aporte más para el estudio de este instrumento, y que sea de utilidad para todos los interesados.

Miguel "Angá" Díaz y el Autor en el Salón La Tropical de La Habana (1989).

Historia de la conga

A Miguel «Angá» Díaz

EN LA PERCUSIÓN CUBANA están presentes dos instrumentos que resumen lo más importante de la esencia rítmica cubana, y son: 1) las claves, por facilitar la práctica de una gran parte de los rudimentos rítmicos básicos de la música cubana, su papel de guía metrorrítmica, y la facilidad de ejecución que las caracteriza, y 2) la tumbadora, que incluye todos los tipos de golpes conocidos en Cuba, e incluso permite su frotación, lo que hace posible la ejecución de todo lo cubano y lo afrocubano, de acuerdo con sus variadas dimensiones y fabulosas características constructivas.

La tumbadora o conga es un instrumento de origen cubano, con antecedentes en los tambores de barril clavados, ngoma y makuta, de la etnia congo-bantú, que fueron traídos a Cuba por los esclavos africanos de aquella procedencia.

La historia de este instrumento es bastante reciente, algunos modelos primitivos fueron apareciendo aisladamente a mediados del siglo XIX, y luego, ya en las primeras décadas del siglo XX, comenzó a establecerse su uso en la rumba y otros géneros populares cubanos. De acuerdo con las investigaciones del precursor de la musicología cubana, Fernando Ortiz, el término tumbadora o conga para nombrar a estos tambores comenzó a utilizarse en la segunda mitad del siglo XX.

El antecedente de la palabra «tumbadora» se encuentra en la expresión «tumba», palabra de origen afroamericano que significa tambor.

«Conga» es el otro término para nombrar genéricamente las tumbadoras que se utilizaban en el ritmo llamado conga que se tocaba en las comparsas del carnaval cubano. «Conga» es el término usado también por las empresas que comercializan las tumbadoras de fabricación industrial que se emplean en la música profesional; así es como se reconoce la tumbadora cubana prácticamente en todo el mundo.

Las congas comenzaron a utilizarse en las comparsas, agrupaciones que desfilaban por las calles en la época del carnaval, y luego se extendió su uso al género de la rumba, en reemplazo de los llamados «cajones de rumba». Es en el contexto de la rumba que la conga desarrolla sus ritmos, alcanza su forma definitiva, y además evoluciona al sistema de tensión (afinación) mediante llaves y tensores que conocemos actualmente.

En la década del '30 quedó establecido el uso sistemático de cuerpo abarrilado y membrana clavada en las congas y en la rumba, fundamentalmente en La Habana y Matanzas, y luego se extendió a todo el país. Es importante señalar que la tumbadora pasó a ser un elemento esencial de la música cubana a partir de fines de los años '30, cuando se incorporó permanentemente a los formatos del conjunto y la charanga.

Arsenio Rodríguez, famoso tresero y sonero cubano, introdujo una tumbadora en su conjunto, ejecutada por el tumbador Félix «Chocolate» Armenteros. Luego se extendió su uso a todos los conjuntos de son, que interpretaban también boleros.

Un proceso similar fue implementado por Antonio Arcaño en su popular charanga «Arcaño y sus Maravillas» cuando incluyó al tumbador Eliseo Martin («El Colorao»). Las charangas eran agrupaciones que interpretaban danzas, danzones y posteriormente también el llamado danzón de nuevo ritmo, mambo y cha-cha-chá. La sección de percusión de las charangas estaba formada hasta ese momento solamente por los timbales y el güiro.

Desde entonces, la tumbadora se ha transformado en el instrumento percutivo más representativo de Latinoamérica y se ha infiltrado virtualmente en diversos estilos musicales del planeta. Podemos considerar que la expansión internacional de la tumbadora se fundamentó inicialmente en los logros de tres legendarios percusionistas cubanos: Arístides Soto (Tata Güines), Luciano «Chano» Pozo y Carlos «Patato» Valdés.

Tata Güines se estableció en La Habana en 1946, procedente de su pueblo natal, Güines. Trabajó con las figuras más importantes de la música cubana de la época, desde Bebo Valdés hasta Arsenio Rodríguez, Cachao y Chico O' Farrill. Es considerado uno de los congueros más influyentes de todos los tiempos, y su concepción estilística ha perdurado en las nuevas generaciones, logrando nuevas sonoridades y matices. Su aporte de elementos cubanos ha contribuido también al género jazzístico.

Contribuciones similares fueron aportadas por Chano Pozo, particularmente a partir del año 1946, cuando se radicó en Nueva York. Su colaboración histórica con Dizzy Gillespie dio lugar a una nueva fusión llamada Cubop y algunas de sus composiciones se convirtieron en estándares jazzísticos: Manteca, Tin Tin Deo, Guachi Guaro, entre otras.

Por otro lado, «Patato» Valdés está considerado como el primer conguero que comenzó a utilizar dos congas, cuando tocaba con el popular Conjunto Casino en La Habana, a fines de los '40. Sin embargo, el logro principal de «Patato» consiste en su habilidad de trascender la función usual del conguero como "marcador del tiempo", al desarrollar un singular estilo melódico. En 1954 se estableció en Nueva York y ha tocado con el trompetista Kenny

Figura 1: Carlos «Patato» Valdés. *Créditos: Edgardo Cambón*

Durham, con Herbie Mann, Carl Tjader y Dizzie Gillespie, entre otros.

Siguiendo el ejemplo de Chano, los tumbadores cubanos continuaron integrándose en el panorama jazzístico de Estados Unidos; hablamos de Mongo Santamaría, Armando Peraza, Cándido Camero y Francisco Aguabella.

Mongo Santamaría se convirtió en el más influyente conguero de Estados Unidos, luego de la muerte de Chano Pozo. Ha realizado una impresionante cantidad de discos con su propio grupo y con destacados músicos de ese país como Tito Puente y Carl Tjader, entre muchos otros.

Su estilo melódico y sus brillantes solos siguen constituyendo una fuerte influencia para congueros del mundo entero.

Armando Peraza, más conocido como bongosero en esa época, había integrado el Conjunto Azul y la famosa Sonora Matancera. Se estableció en San Francisco y alcanzó renombre a través de su asociación extensa con el pianista George Shearing, y luego integrando el grupo de Carlos Santana.

Cándido Camero grabó con muchas luminarias del jazz como Dizzy Gillespie, Charlie Parker, Charles Mingus, Ray Charles, Woody Herman, entre otros.

Por último, Francisco Aguabella, proveniente de la región matancera, se estableció en California en los años '50 y colaboró con Mongo en varias grabaciones históricas para el sello Fantasy. En los años '60 surgieron una serie de renombrados congueros neoyorquinos de ascendencia portorriqueña entre los que se destacaban Ray Mantilla y Ray Barreto. En los años '70 en Cuba se destacan dos percusionistas que revolucionaron la técnica del instrumento: José Luis Quintana, más conocido como Changuito, y Jesús «El Niño» Alfonso.

Conocido sobre todo por su aporte innovador como timbalero en Los Van Van por más de 20 años, Changuito expandió las posibilidades técnicas y expresivas de las congas al adaptar patrones y rudimentos de la batería. Su estilo, nombrado por él mismo como «la mano secreta», ha influido enormemente a las nuevas generaciones, entre cuyos integrantes se destaca el portorriqueño Giovanni Hidalgo.

«El Niño» Alfonso integró el famoso grupo de jazz cubano Irakere, incorporando ritmos yoruba y de otras etnias afrocubanas al sonido de esta agrupación. Es reconocido por haber popularizado el uso de 4 o 5 congas en forma simultánea, producto de lo cual creó un estilo muy personal.

Por último quisiera referirme a dos brillantes exponentes del gran nivel técnico y musical que ha alcanzado este instrumento, considerados en todo el mundo como referentes indiscutidos para las nuevas generaciones de tumbadores. Nos referimos al portorriqueño Giovanni Hidalgo y al cubano Miguel «Angá» Díaz.

Giovanni «Mañenguito» Hidalgo comenzó a tocar desde niño, a los 3 años, en una conga hecha a mano por su padre, el percusio-

Figura 2: Ramón «Mongo» Santamaría.

Figura 3: Armando Peraza. *Créditos: Edgardo Cambón*

Figura 4: Changuito. *Créditos: Edgardo Cambón*

nista José «Mañengue» Hidalgo, y debutó profesionalmente a los 8 años de edad. Desde muy joven integró el grupo Batacumbele, considerado la versión portorriqueña de Irakere. Batacumbele era dirigido por el innovador conguero Ángel «Cachete» Maldonado, quien fue impulsor de una generación entera de percusionistas boricuas. En el año 1981, Giovanni viajó a Cuba a tocar con Batacumbele, y allí conoció a Changuito, el que le transmitió los conceptos de «la mano secreta». Esta nueva técnica fue asimilada y desarrollada a un nivel increíble por Giovanni, quien con su gran virtuosismo y musicalidad se ha transformado en un icono mundial de este instrumento. Sus innumerables grabaciones con Eddie Palmieri, Tito Puente, Dizzy Gillespie, Art Blakey y muchos otros, además de sus propios discos y videos didácticos constituyen una fuente de inspiración y estudio para percusionistas del mundo entero.

Figura 5: Giovanni Hidalgo en Montevideo (2005). *Créditos: Ruben Yizmeyián.*

En los días que escribía esta historia de la conga, se produjo el lamentable fallecimiento de un joven y tremendo percusionista a quien tuve la suerte de conocer y admirar: Miguel «Angá» Díaz. Nativo de la provincia de Pinar del Río, la más occidental de Cuba, comenzó sus estudios en la escuela elemental de música de su provincia. Luego los continuó en la Escuela de Instructores de Arte y en la Escuela Nacional de Arte de La Habana. De esa escuela nació el grupo Opus 13, donde debutó profesionalmente y en el cual tocó por más de 10 años. Más tarde fue llamado por Chucho Valdés para integrarse a Irakere, ante el prematuro fallecimiento del «Niño» Alfonso, y en esta agrupación desarrolló su técnica en cinco congas y deslumbró con sus explosivos solos. Su trayectoria de 9 años junto a Irakere le permitió participar en Giovanni Hidalgo en Montevideo, los clubes y festivales de jazz más importantes del planeta. Ha tocado y grabado con muchas estrellas del jazz como Chick Corea, John Patitucci, Herbie Hanckok, Al Di Meola y Paquito de Rivera, entre muchos otros. Participó de varios proyectos relacionados al

Buena Vista Social Club, como los dos discos de Afro Cuban All Stars, junto a la cantante Omara Portuondo, el contrabajista «Cachaíto» López y el pianista Rubén González. En 1995 se instaló en París, donde inició su carrera solista, acompañando a infinidad de artistas e impartiendo clínicas y seminarios. En 2003 pasó a vivir en Barcelona, integrando el trío del también cubano Omar Sosa y formando su propio grupo. Realizó diferentes experimentaciones, fusionando los ritmos afrocubanos con estilos disímiles como el funk, jungle, hip-hop y el rap. Cosechó muchos premios y reconocimientos a lo largo de su carrera, como el premio Egrem (sello cubano) por su primer disco solista, «Pasaporte», realizado junto a su principal influencia, Tata Güines, de cuyo estilo fue continuador.

Figura 6: Tata Güines en el Instituto Superior de Arte de La Habana. *Créditos: Sergio Tulbovitz.*

Autor. *Créditos: Pablo Meneses (2009).*

Notación musical

Nombre	Figura	QR
Abierto	♩	[1]
Tapado	✗	[2]
Palma	○	[3]
Punta de dedos	♪	[4]
Tapado abierto	✗̄	[5]
Presionado	◇	[6]
Clave	☐	
Catá	♦	
Campana	△	
Palo en el cuerpo de la conga	⊕	

El autor, Bobby Sanabria y Osvaldo Fattoruso, Montevideo (2008).

La clave

La CLAVE es el elemento más importante y complejo de todos los aspectos que constituyen los diferentes ritmos afrolatinos.

El concepto del ritmo de la clave tiene su origen en África, y sus diferentes variaciones se escuchan en muchos ritmos latinoamericanos que han tenido influencia de la música africana. Sin embargo es en la música folklórica y popular cubana que la clave adquiere una particular relevancia.

La clave constituye una guía metrorrítmica y forma parte de la polirritmia de muchos estilos de la música cubana; significa una especie de «esqueleto» sobre el cual se construye la composición y el arreglo de determinada música.

Todo se organiza en torno a este principio fundamental, los diferentes instrumentos, no solamente la percusión, están en directa relación con el ritmo que marca la clave. Esto es lo que los músicos cubanos denominan «estar en clave», un equivalente a lo que sería «tener swing».

Todos los *breaks*, o cortes en un arreglo, deben «estar en clave», y si esto no se respeta, se considera que la música está fuera de la clave.

Muchas veces la clave no está tocada, pero se considera implícita en la música ejecutada, todos los músicos son conscientes de este aspecto que constituye la base de la música cubana.

Existen muchas claves, pero las más utilizadas son, sin duda, las llamadas clave de son y clave de rumba.

El más conocido ritmo de clave está estrechamente ligado al género popular bailable cubano conocido como son.

En la década del '20 del pasado siglo, se popularizó en Cuba el sexteto de son, agrupación integrada por guitarra, tres, contrabajo, bongó, maracas y un par de palitos que se entrechocaban llamados claves, generalmente tocados por el cantante solista.

El patrón rítmico de cinco golpes que ejecutaban estas claves se conoció como clave de son.

Como vemos a continuación se escriben en dos compases de 4/4 ó 2/2:

Clave de Son 3-2

Si invertimos el orden de los compases, tenemos el siguiente ejemplo:

Clave de Son 2-3

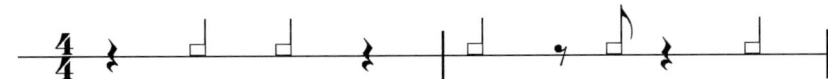

El primer ejemplo, por comenzar con tres golpes en el primer compás, se denomina clave de son 3-2, mientras que el segundo, al comenzar con dos golpes, se nombra como clave de son 2-3.

Los ritmos usados en la música cubana tienen una relación muy estrecha con la clave. Si la clave es 3-2, el ritmo o pieza musical debe estar en 3-2, y lo mismo a la inversa si está en 2-3.

En el género folklórico afrocubano de la rumba, también se utilizó en principio esta clave de son, pero en determinado momento de su evolución histórica se produjo una pequeña modificación en el tercer golpe de la parte «3» de la clave, constituyendo lo que llamamos la clave de rumba:

Clave de Rumba 3-2

Al igual que en la clave de son, si invertimos los compases tenemos el siguiente resultado:

Clave de Rumba 2-3

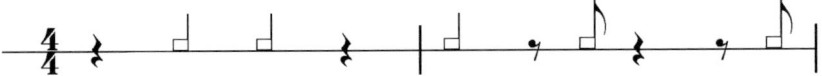

Los conceptos que manejamos para la clave de son se aplican igualmente a la clave de rumba, la música a ejecutar debe ajustarse a la clave en 3-2 ó 2-3.

Actualmente la clave de rumba se utiliza también para otros géneros como el songo y la timba (estilo de salsa cubana más moderno y de gran popularidad en la isla caribeña).

La clave de rumba puede tener un sentido de subdivisión ternaria, y podemos escribirlo en 4-4 ó 6-8.

Clave de Rumba ternaria 3-2

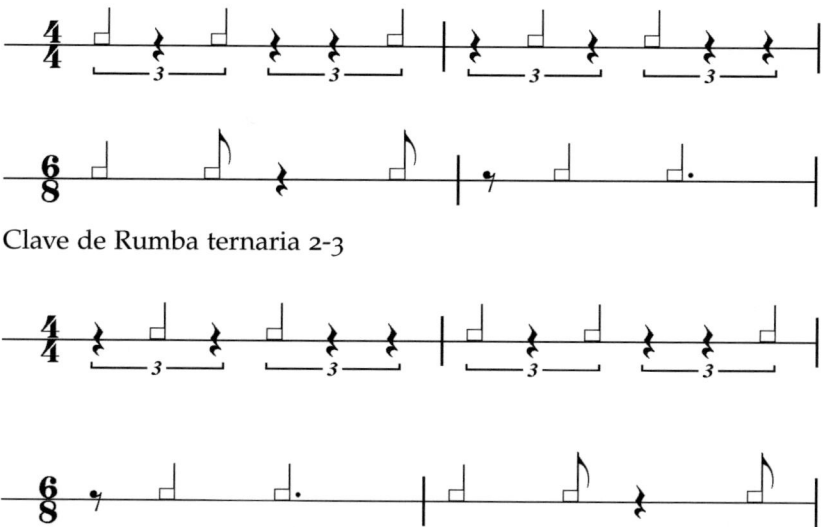

Clave de Rumba ternaria 2-3

Si bien al principio estos conceptos pueden parecer muy complejos y abstractos, a medida que conocemos esta música, mediante la
audición de estos estilos y la propia práctica, podremos incorporar
este aspecto fundamental de la música afrolatina.

Francisco Aguabella (1925-2010).

Manoteos

Ejercicios Palma-Punta Dedos (Manoteos)

La combinación de sonidos palma-punta dedos genera un
movimiento conocido como «manoteo» que resulta fundamental en
la técnica actual de las congas.

Muchos de los ritmos cubanos que se ejecutan en las congas,
comenzando por el tumbao, requieren de una sólida técnica de
manoteo.

Los siguientes ejercicios apuntan a desarrollar este movimiento,
buscando la estabilidad rítmica, así como la agilidad y la flexibili-
dad de las manos.

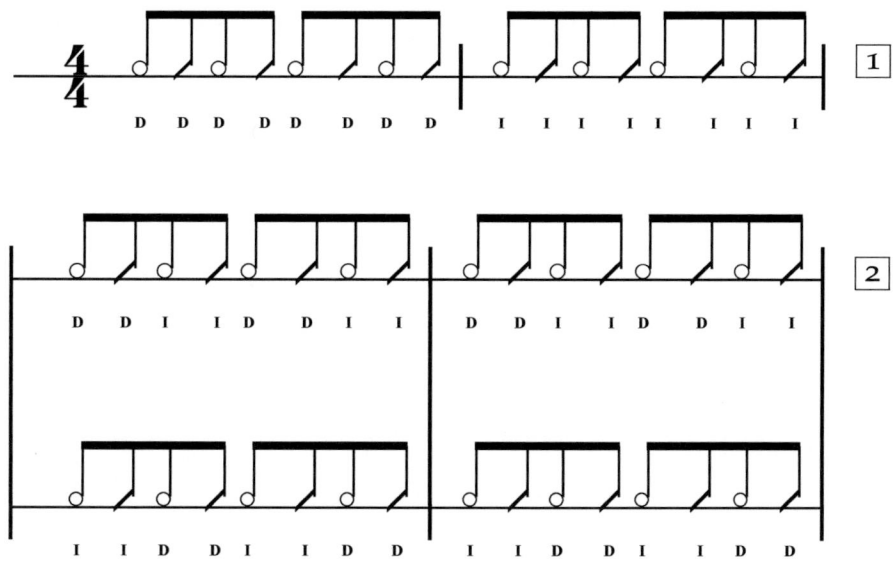

Esta forma de representación gráfica indica que se trata del mismo ejercicio, comenzando primero con una mano y luego con la
otra.

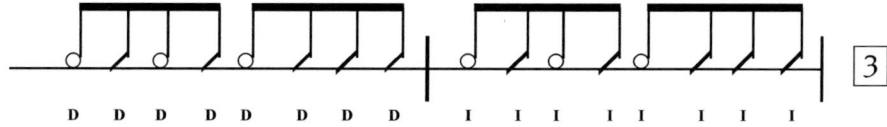

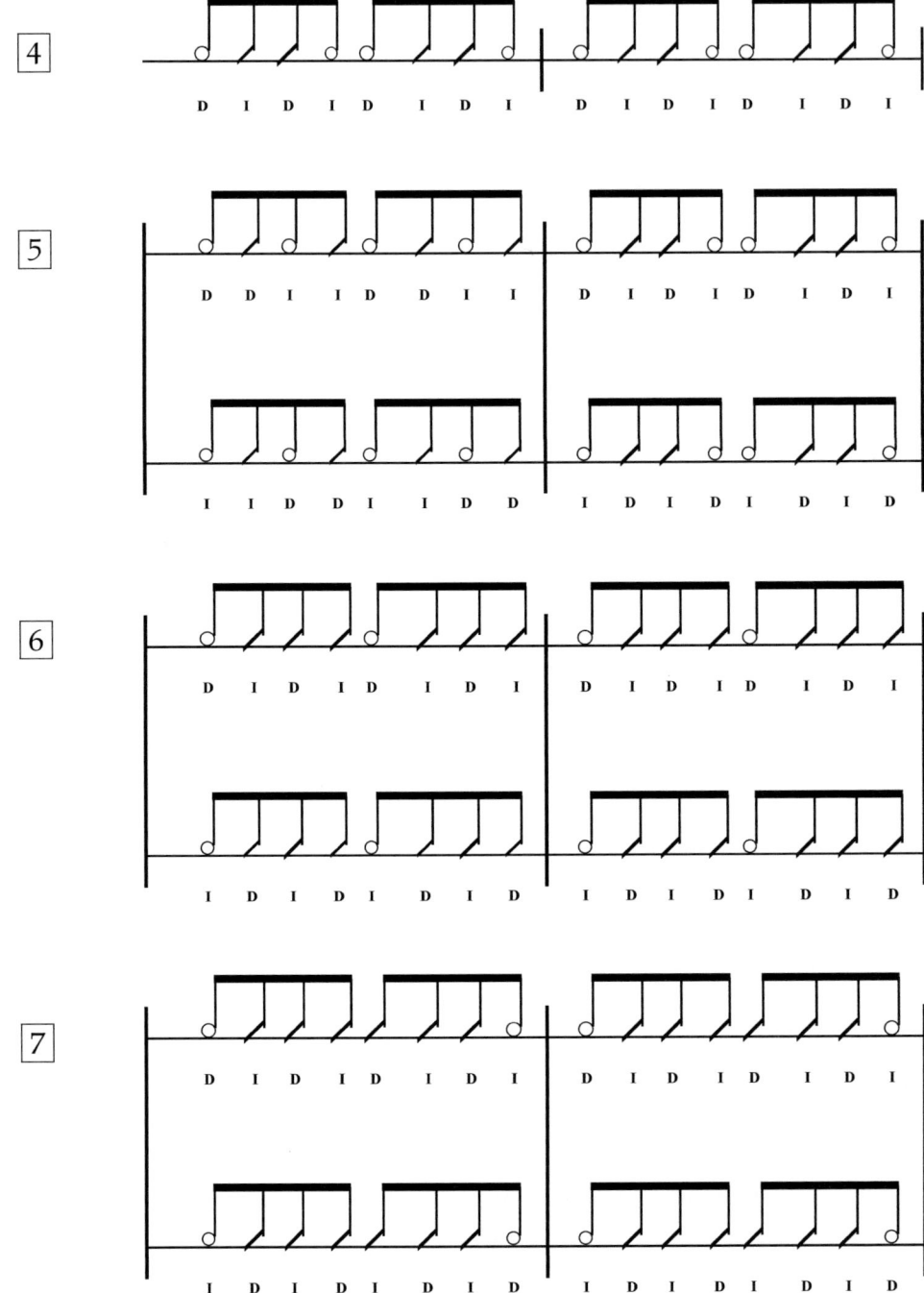

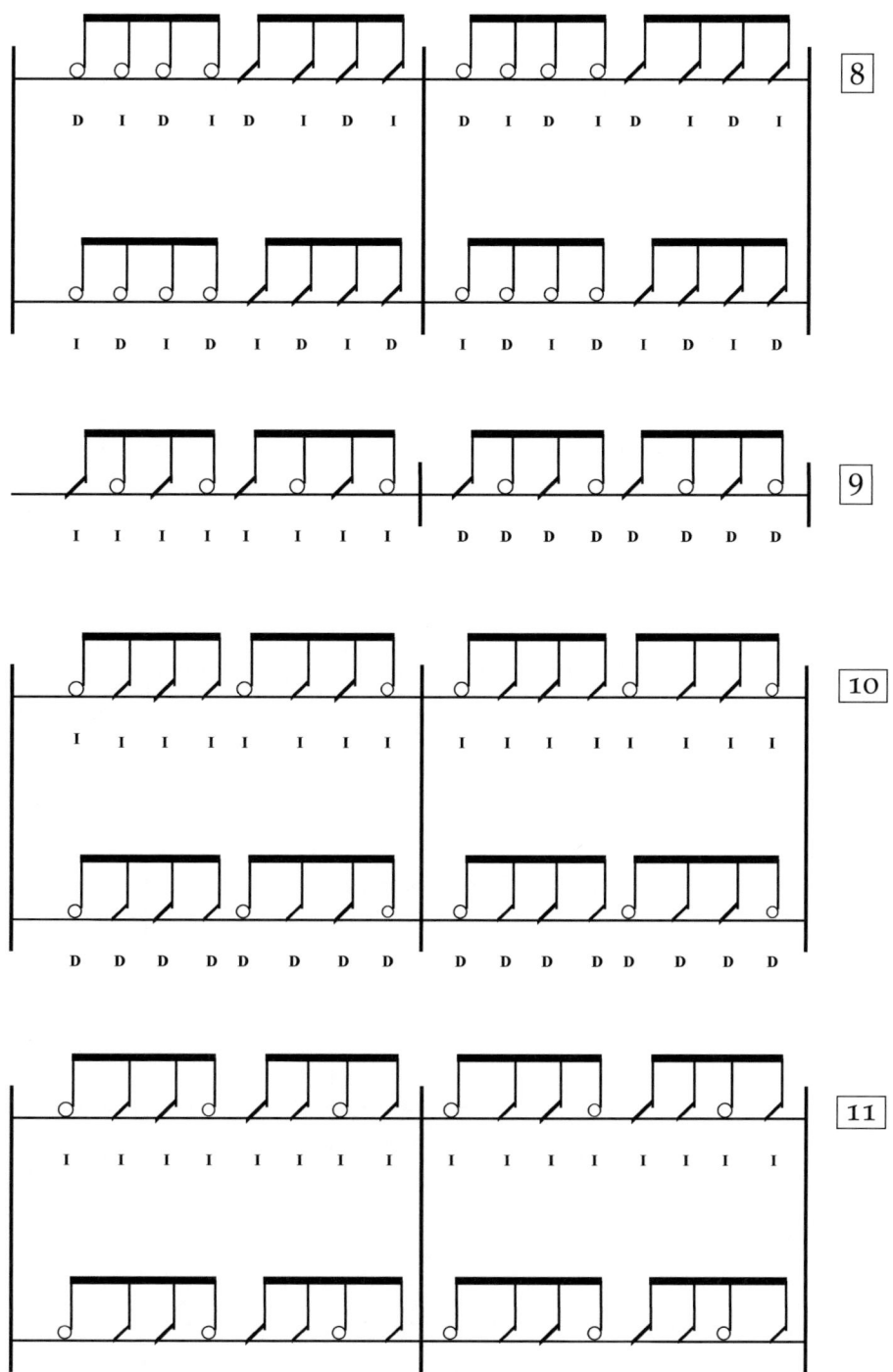

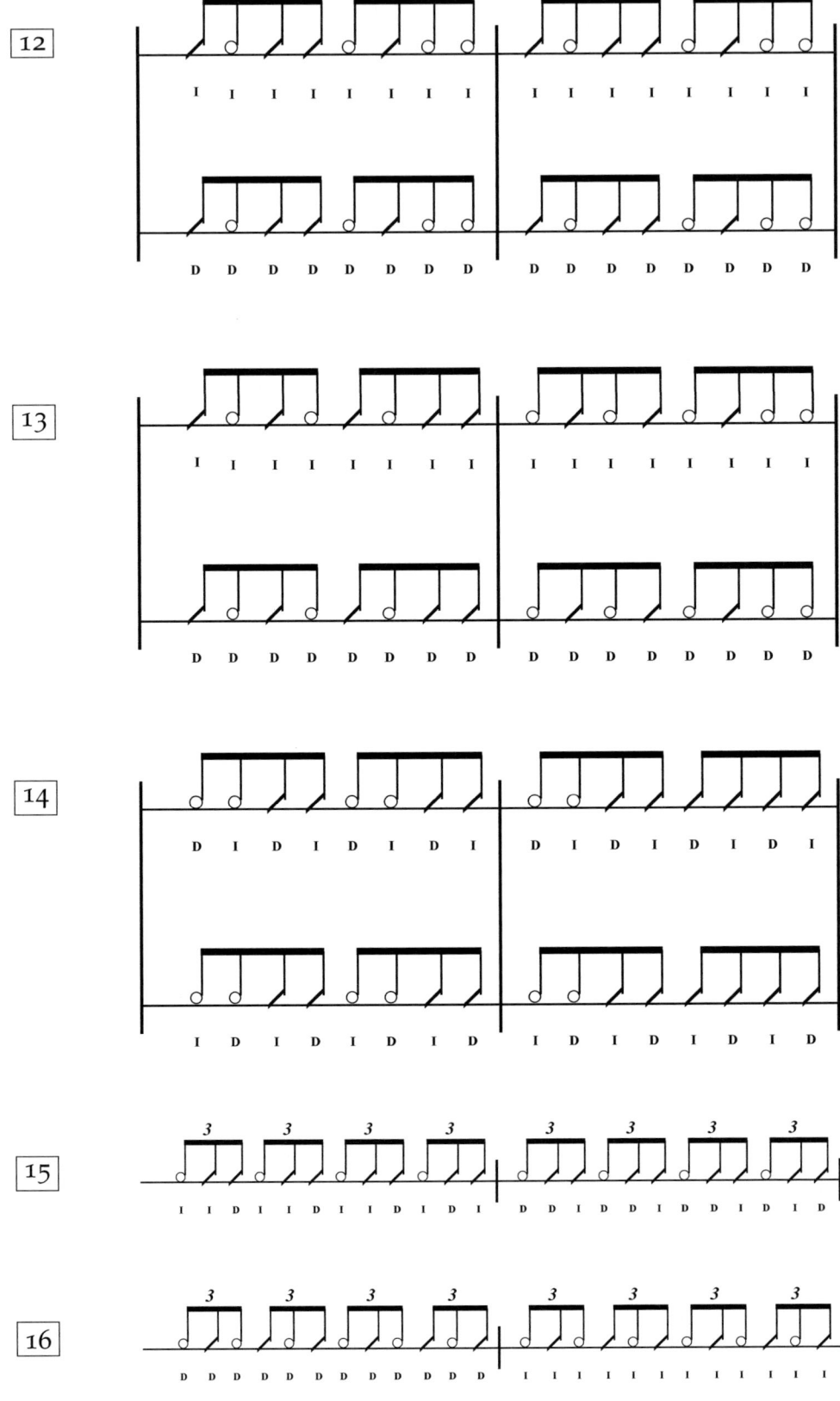

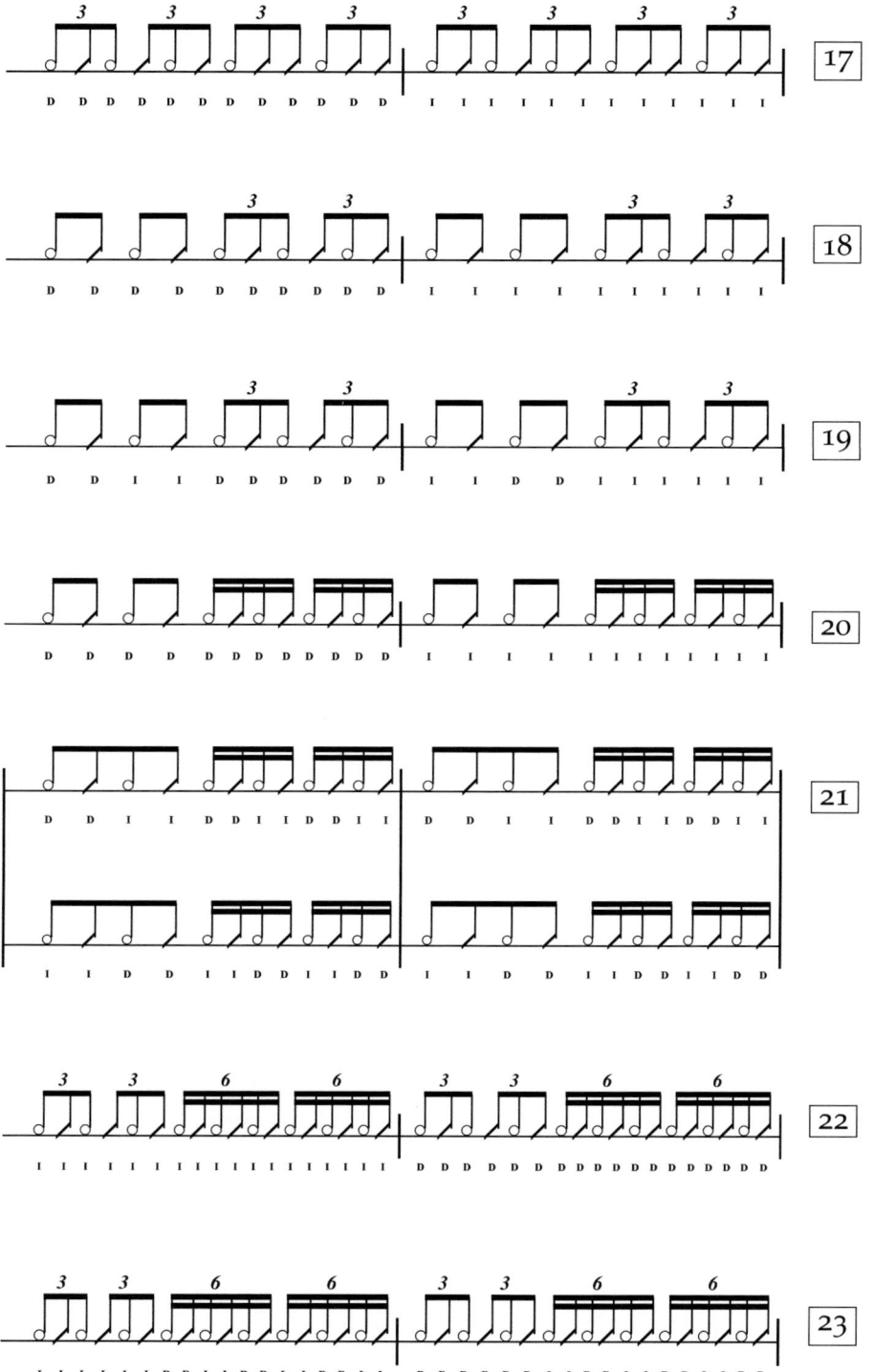

Manoteos en dos congas

Una mano en cada conga y luego se invierten.

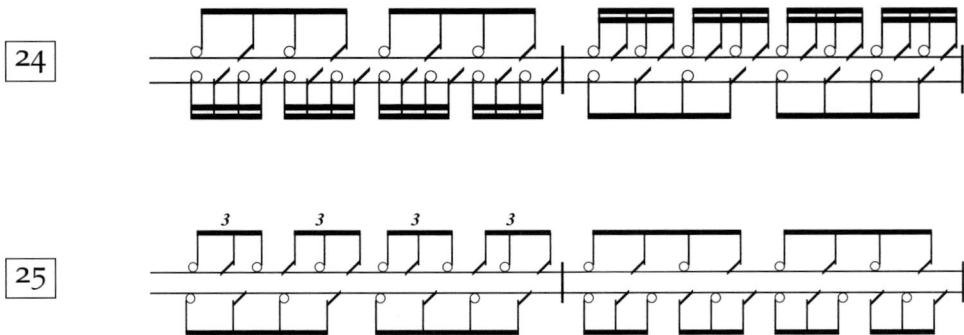

Ejercicios abiertos–tapados

Se sugiere practicarlos lentamente en un principio y luego aumentar la velocidad gradualmente. Es muy importante lograr el mismo sonido con cualquiera de las dos manos.

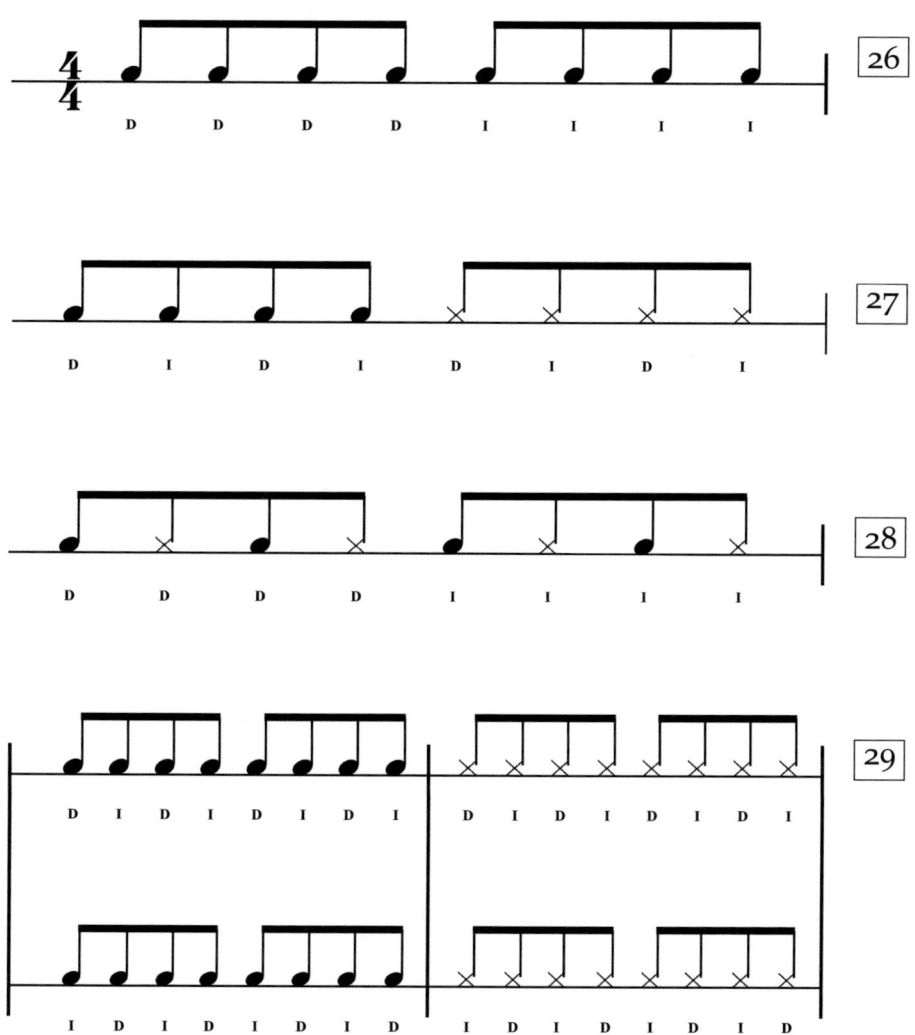

30

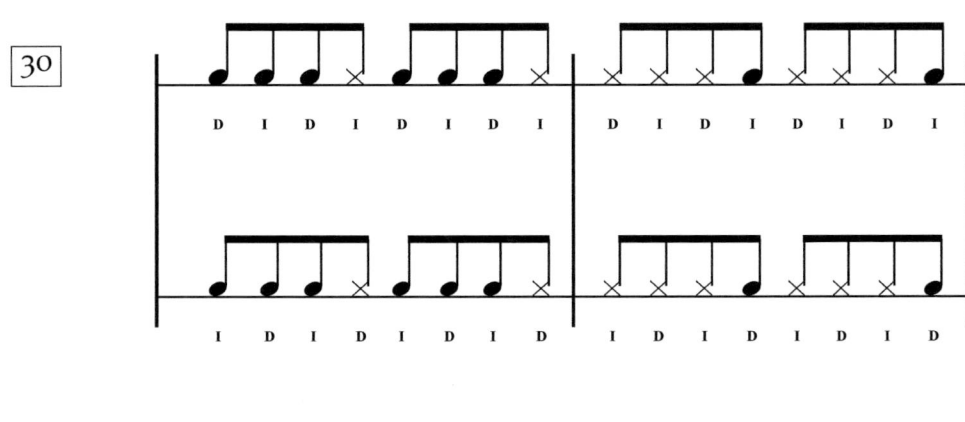

31

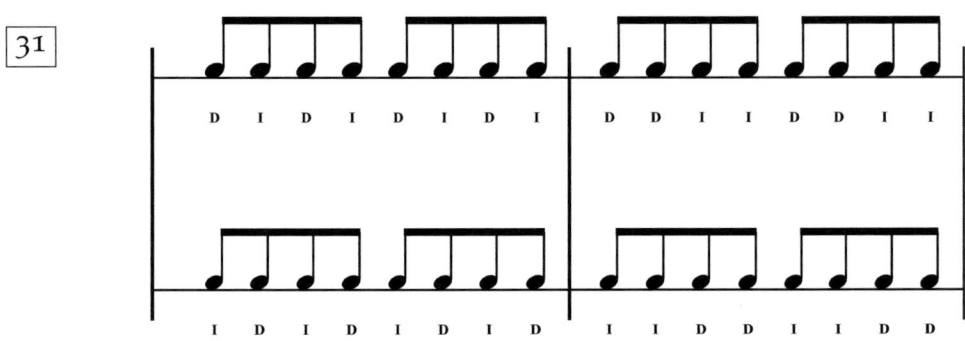

32

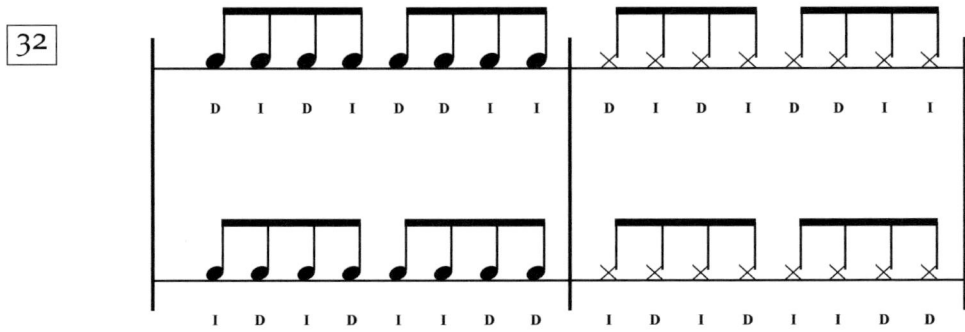

33

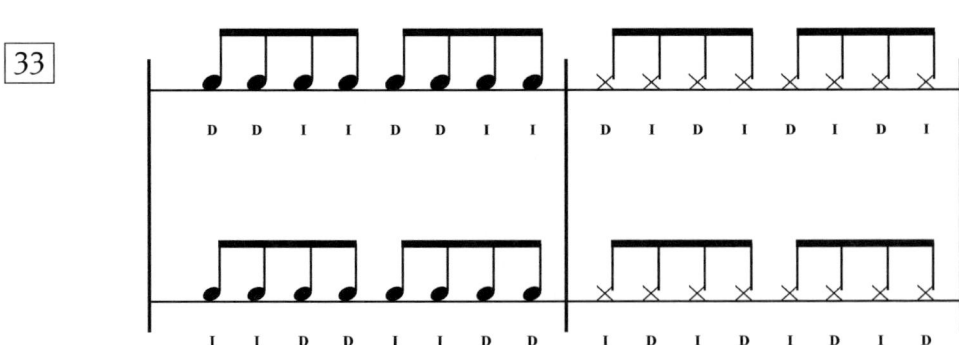

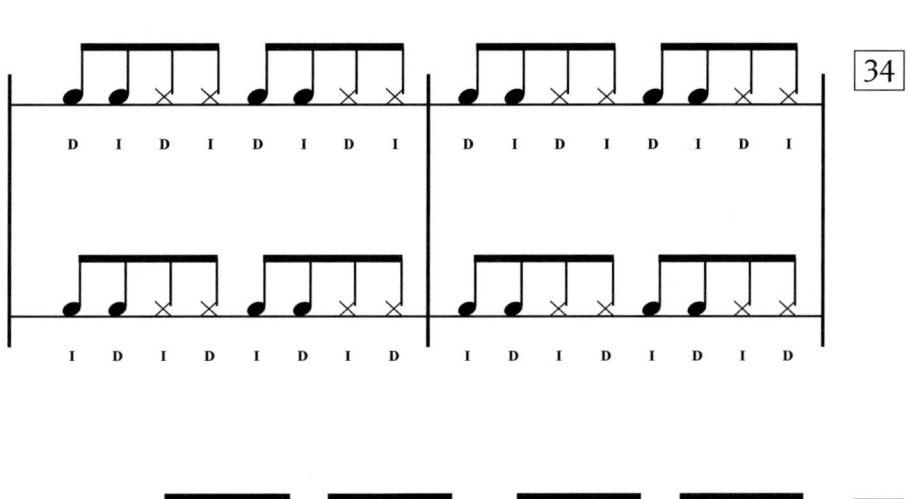

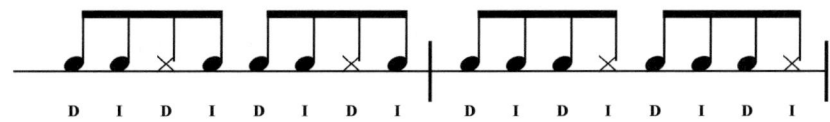

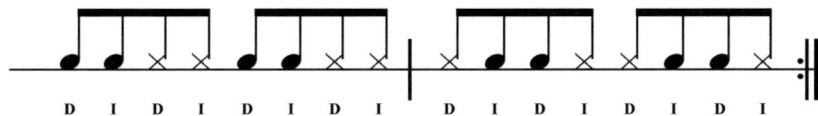

Cándido Camero (1921-2020).

Ejercicios abiertos–tapados palma–punta dedos

En estos ejercicios combinamos los cuatro sonidos fundamentales del instrumento a través de diferentes combinaciones rítmicas.

Es aconsejable trabajarlos lentamente y buscando siempre equilibrar los sonidos en las dos manos.

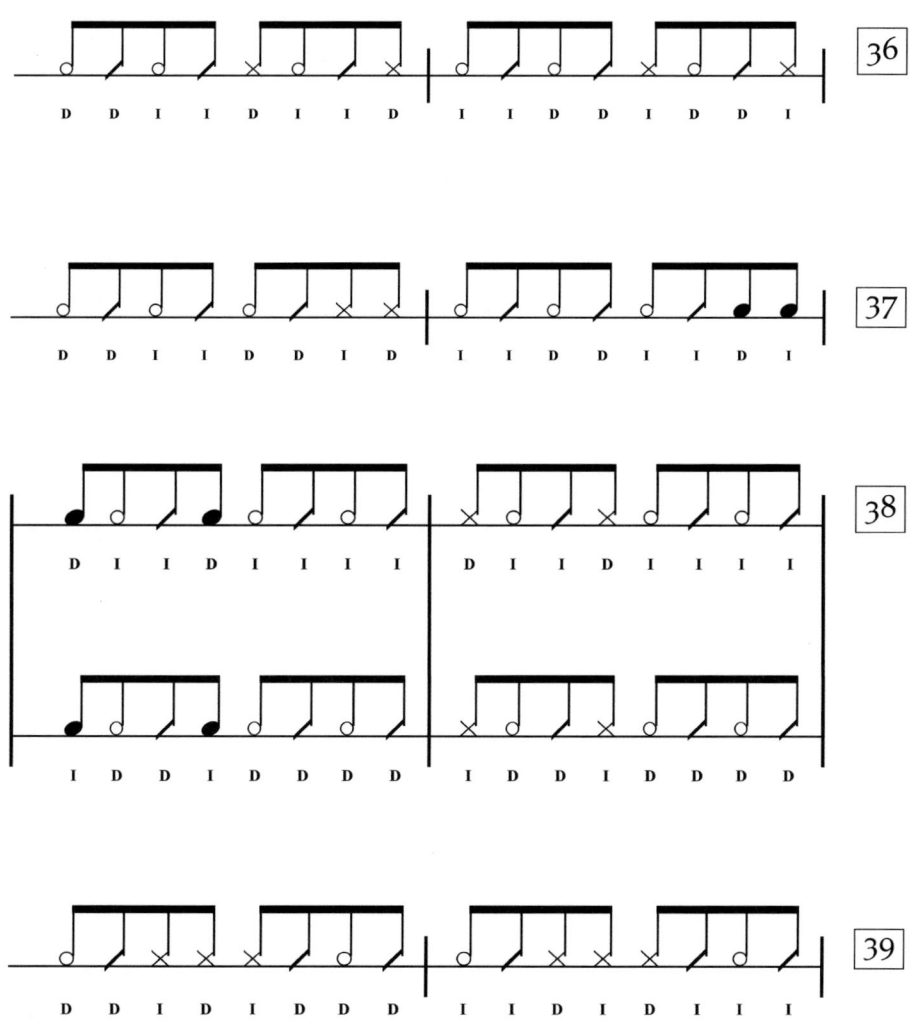

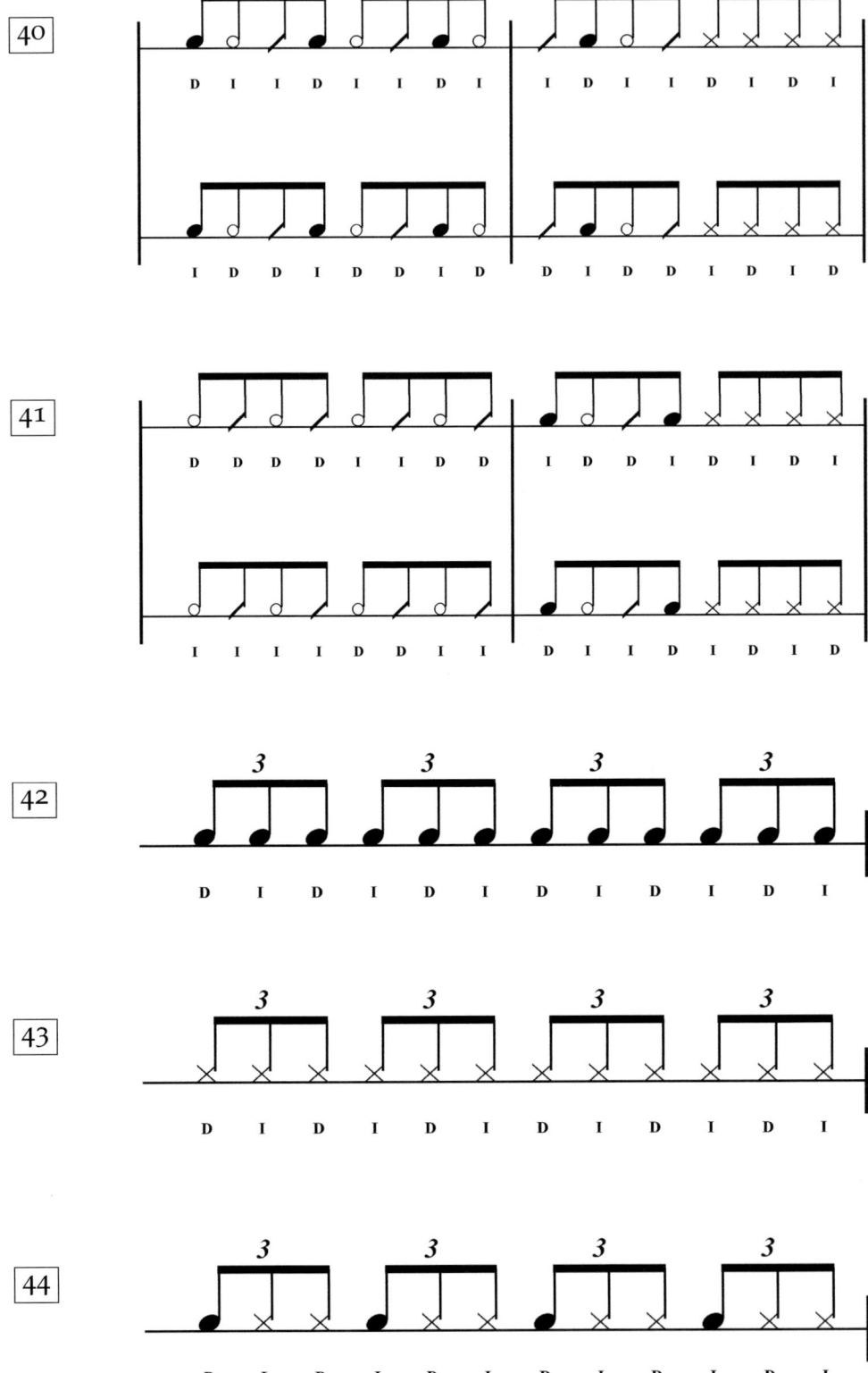

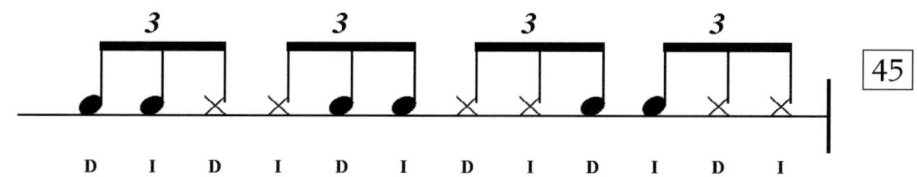

45

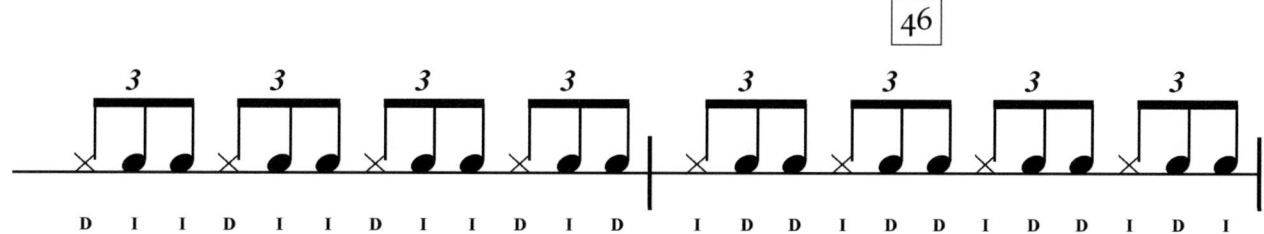

46

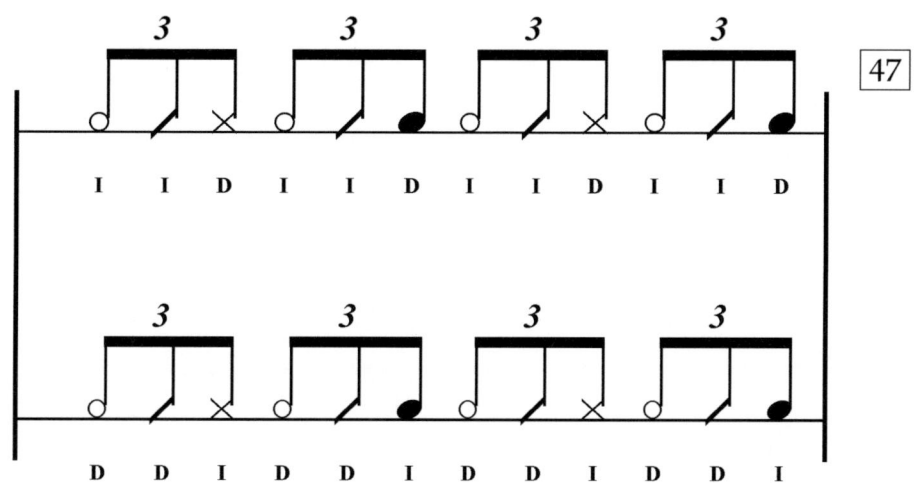

47

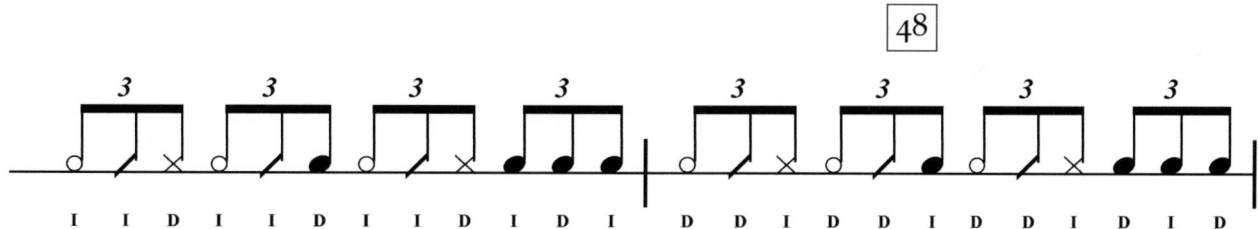

48

49

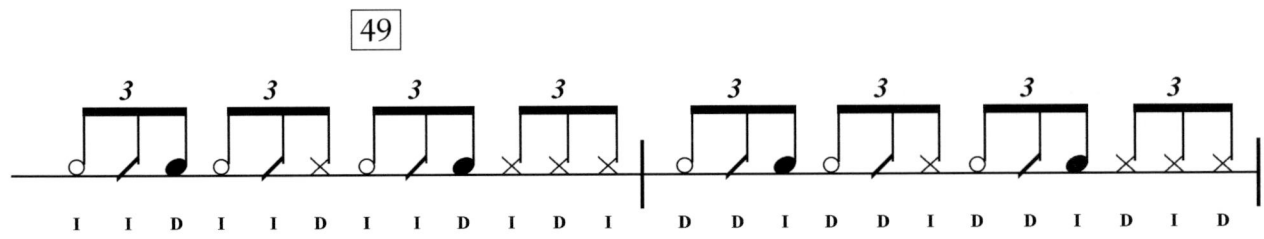

50

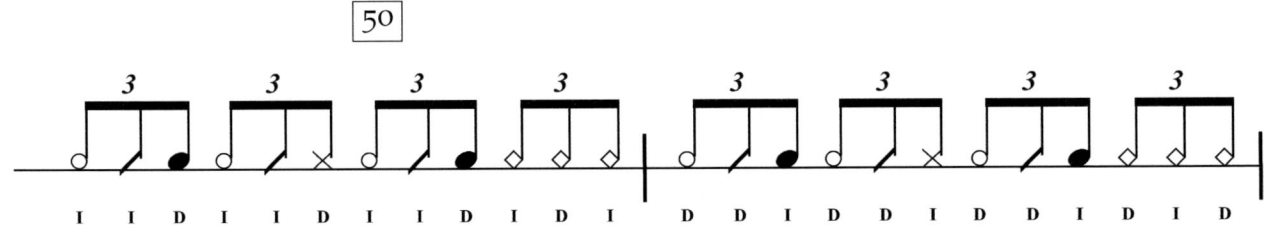

51

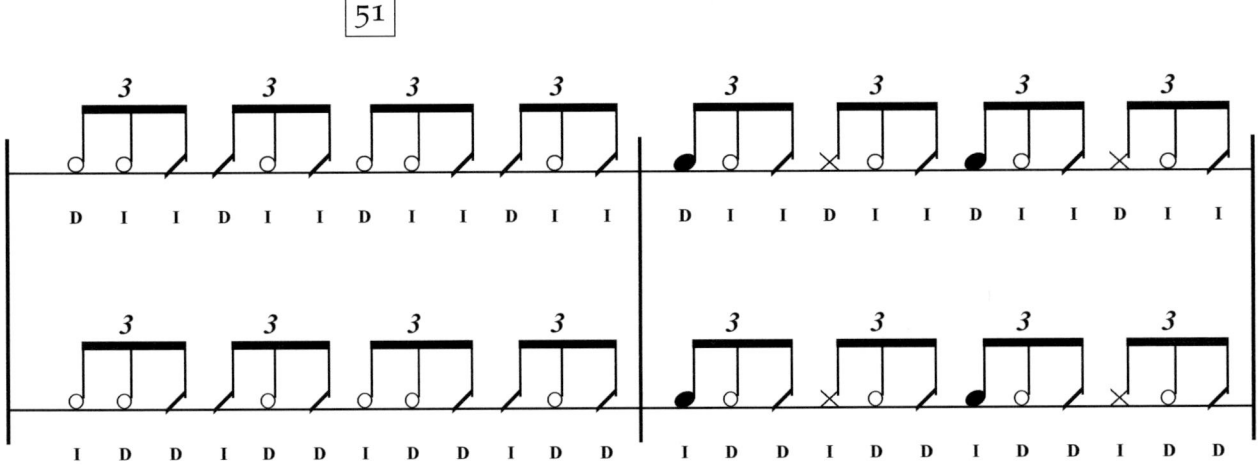

52

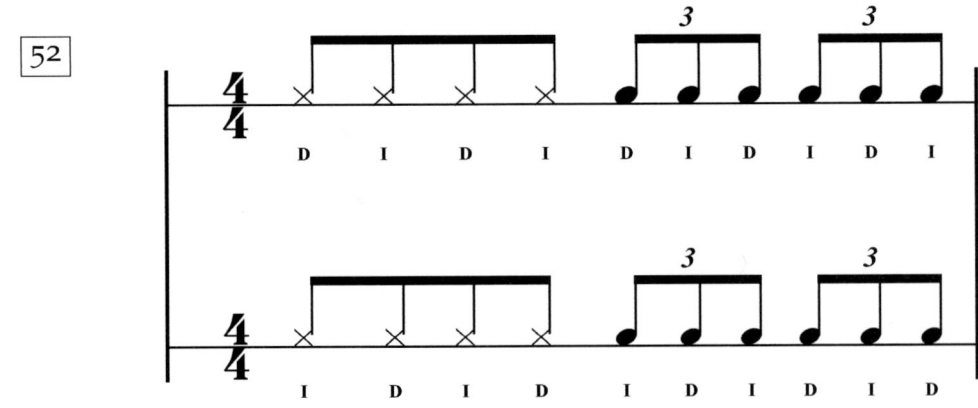

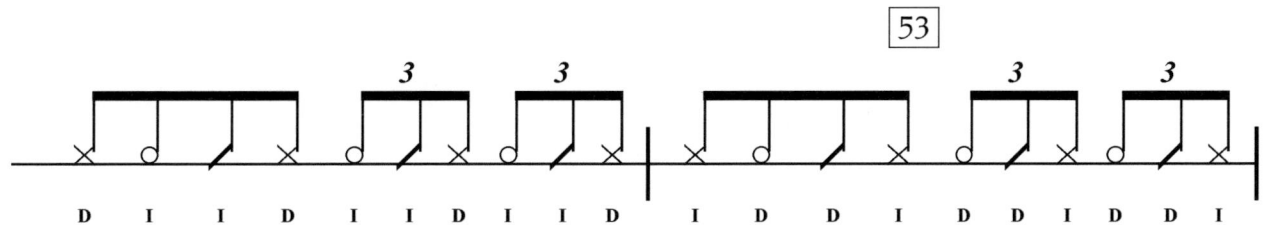

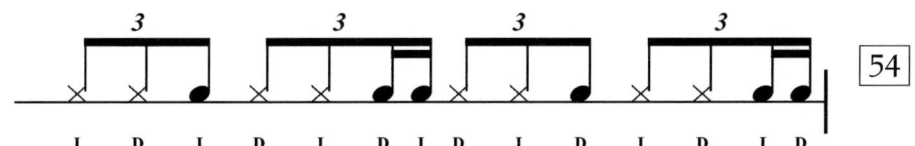

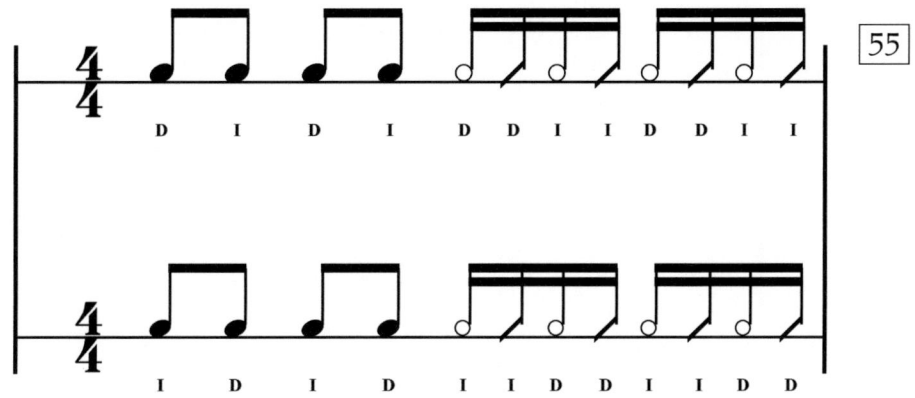

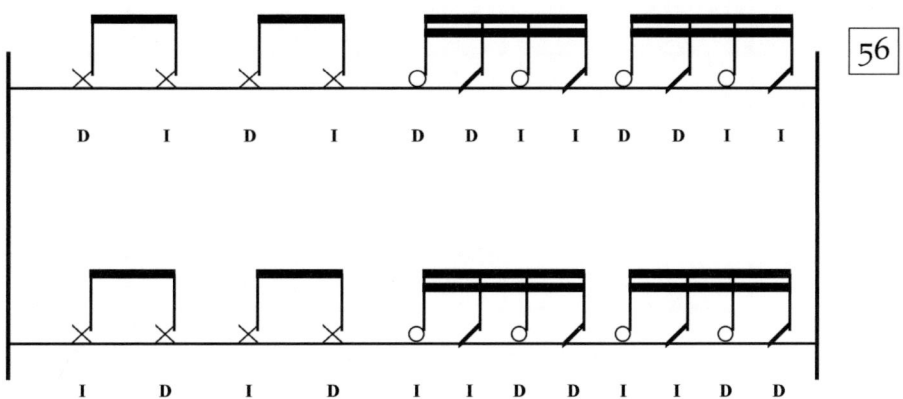

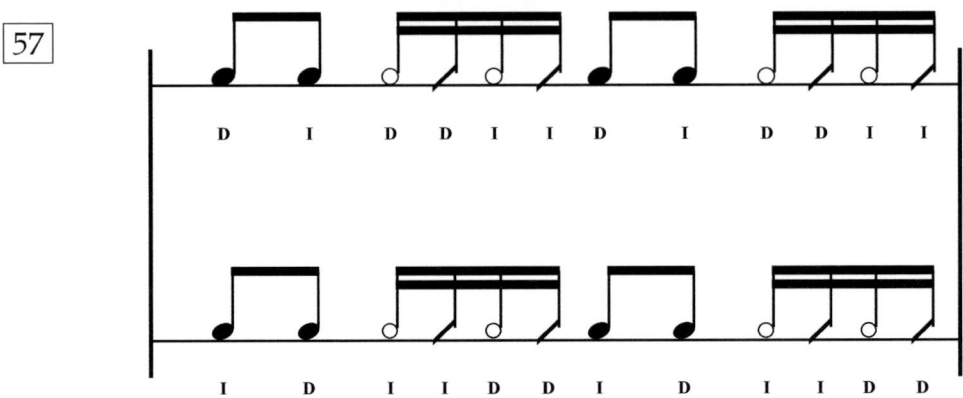

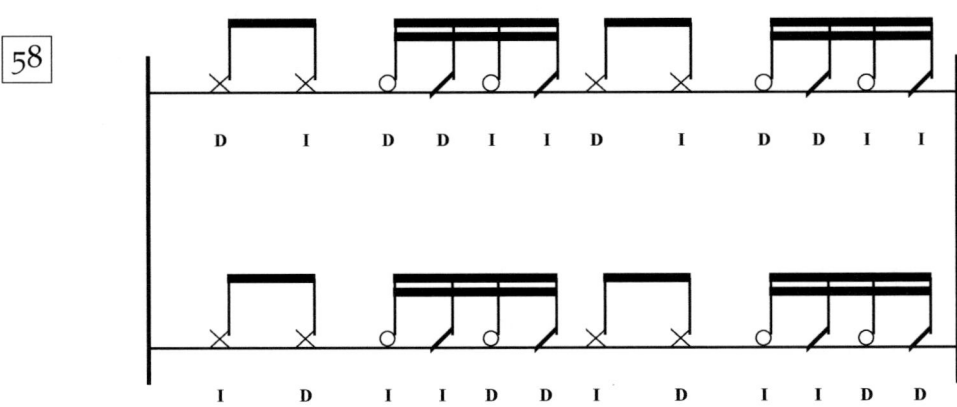

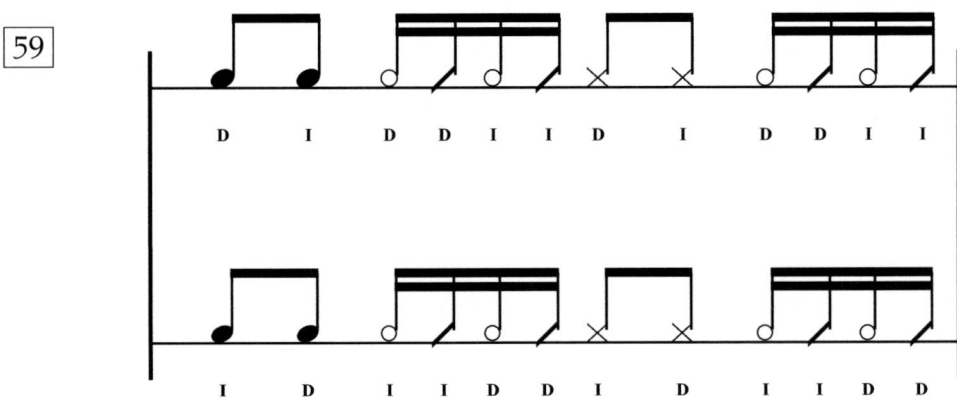

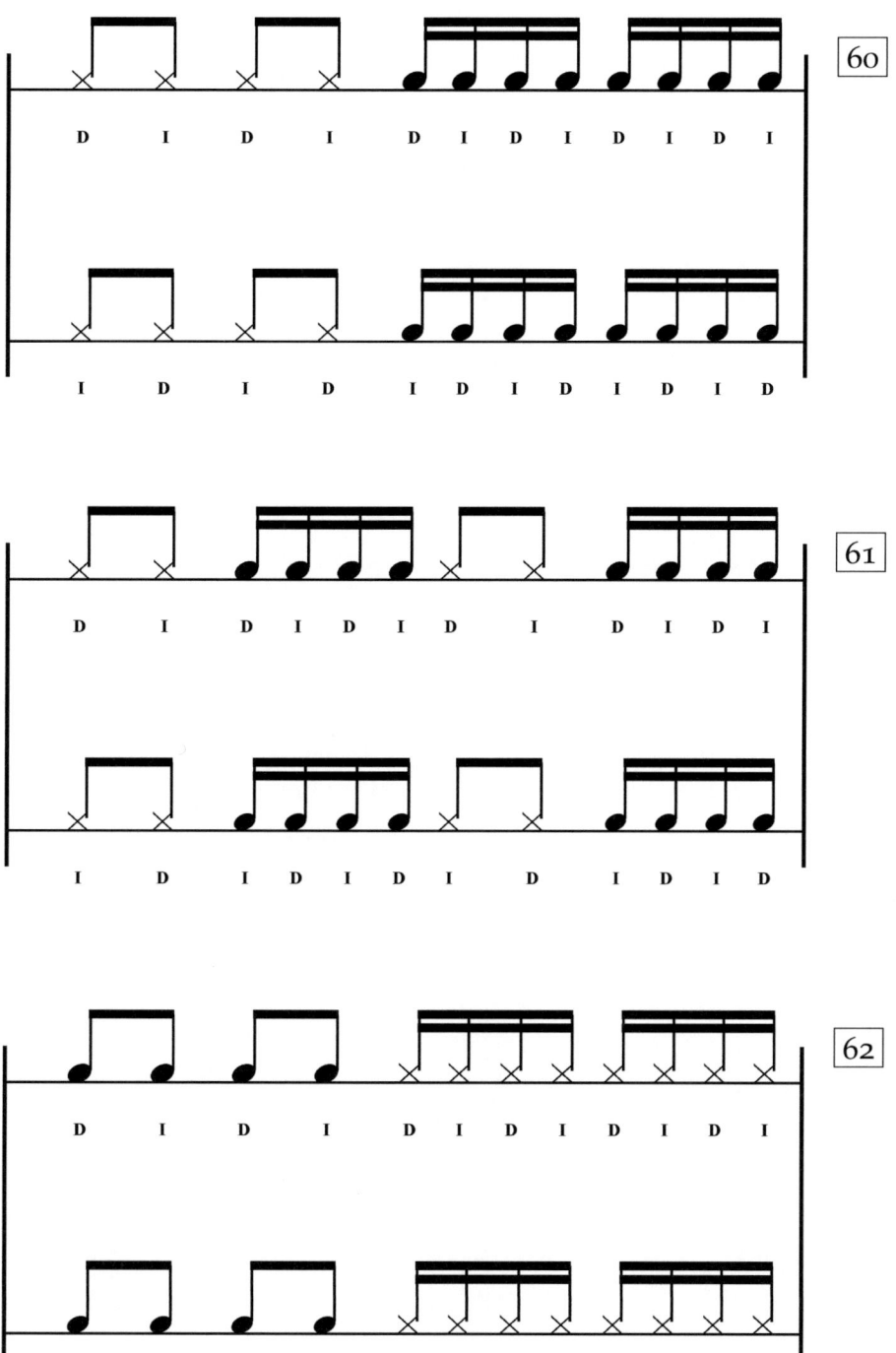

63

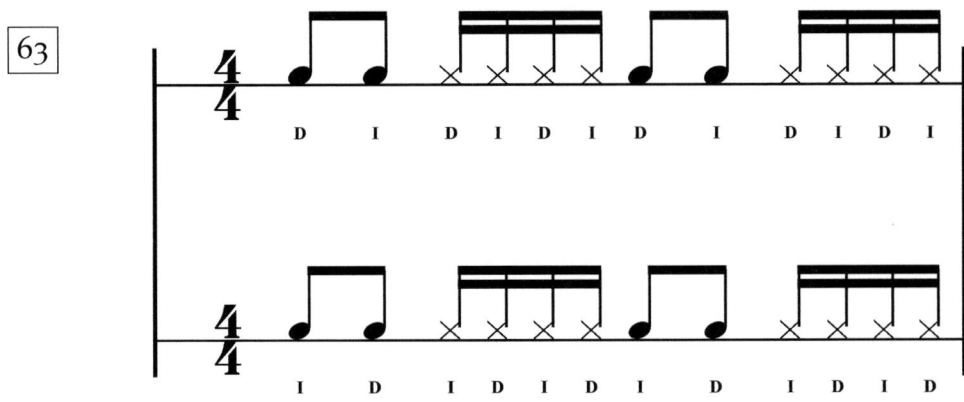

64

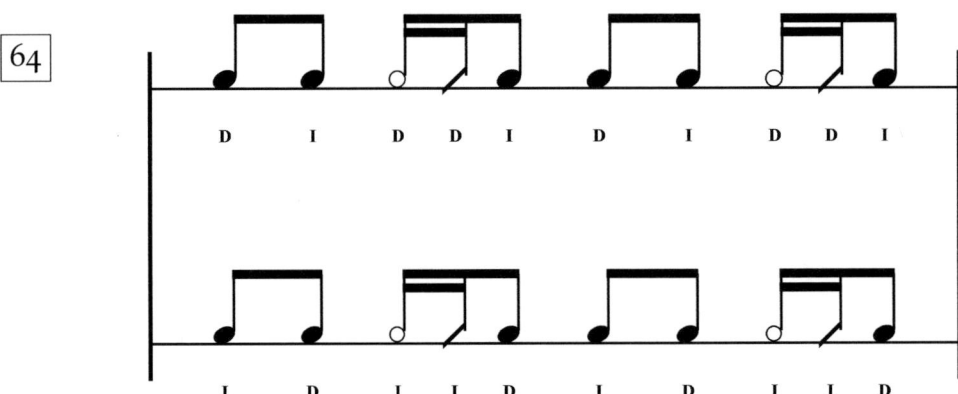

65

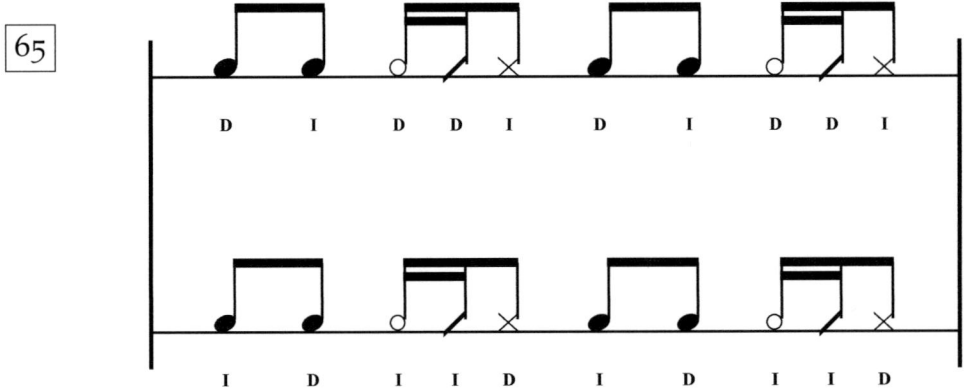

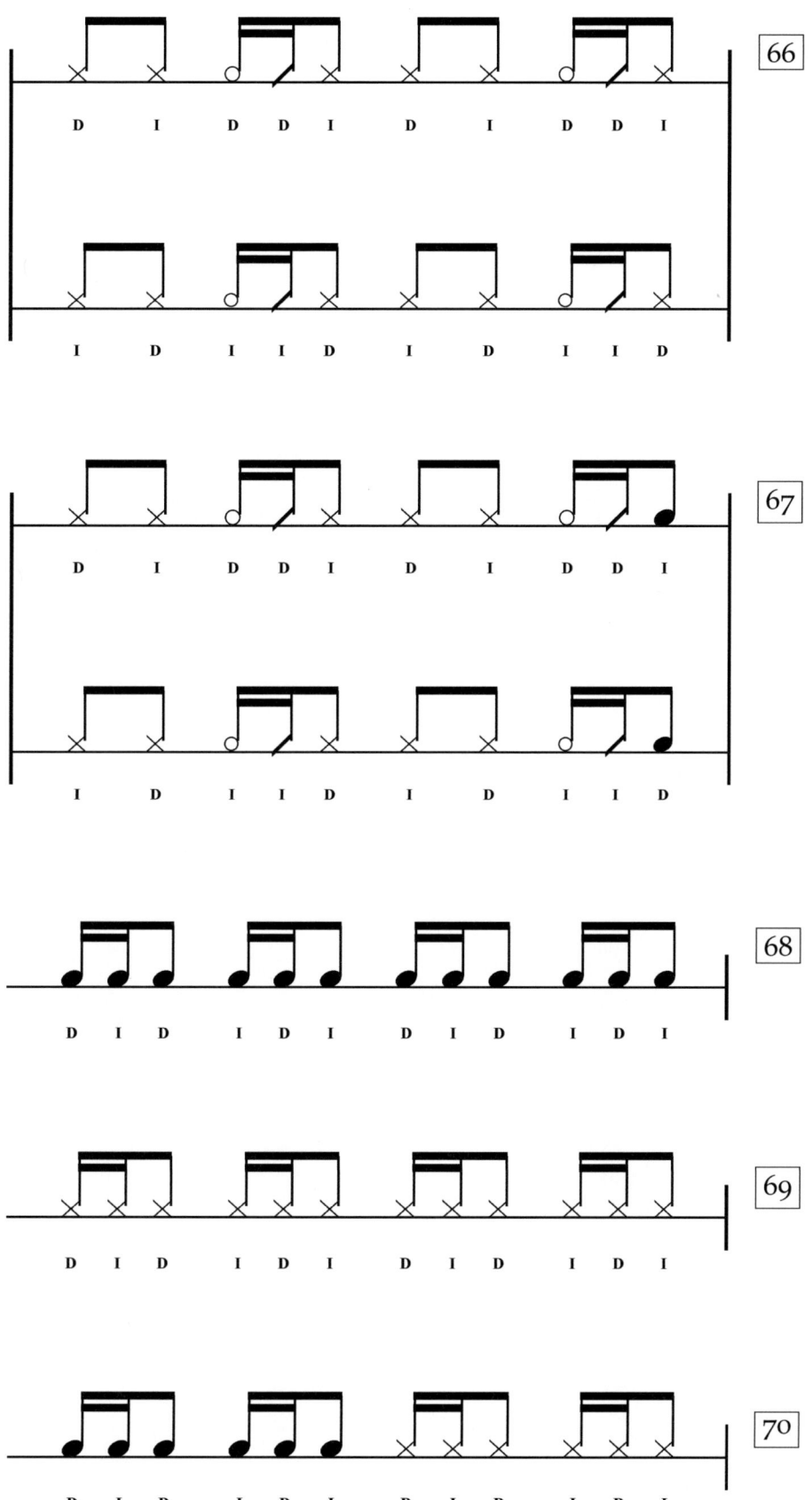

71

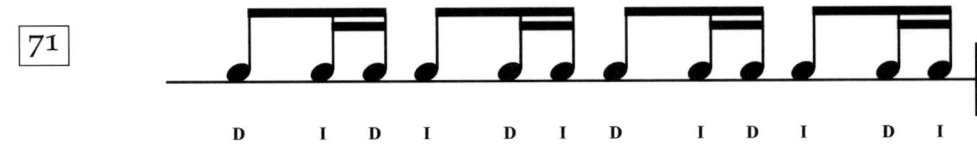

D   I   D   I   D   I   D   I   D   I   D   I

72

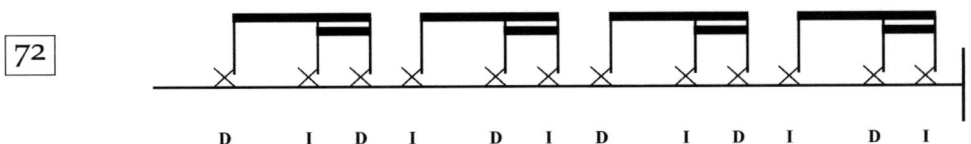

D   I   D   I   D   I   D   I   D   I

73

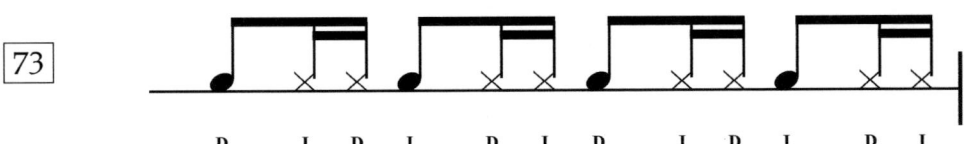

D   I   D   I   D   I   D   I   D   I   D   I

Rudimentos

LOS LLAMADOS RUDIMENTOS son diferentes patrones rítmicos, codificados y organizados teniendo en cuenta su digitación, entendiendo por ésta el orden específico de las manos (derecha o izquierda).

Su origen se encuentra en el tambor militar y se utilizan como recursos técnicos en el tambor orquestal y en la batería.

Muchos de estos rudimentos se nombran de acuerdo a una onomatopeya que resulta de su ejecución, por ejemplo: paradiddle, flam, drag, etc.

Se atribuye al genial percusionista cubano «Changuito» Quintana el haber comenzado a usar estos rudimentos en las congas, y de esta manera expandir notablemente las posibilidades técnicas del instrumento.

En los siguientes ejercicios vemos algunos de estos rudimentos y su aplicación en una, dos y tres congas. Por supuesto que éstos son sólo algunos ejemplos, pues las combinaciones de sonidos y diferentes congas son numerosas.

Paradiddle Simple – En una conga

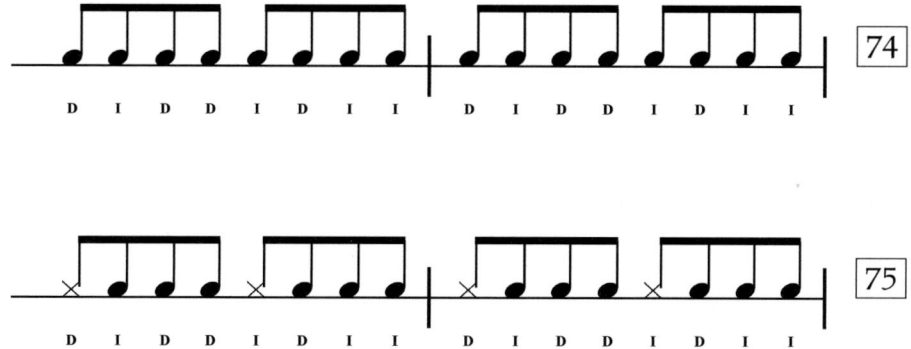

76

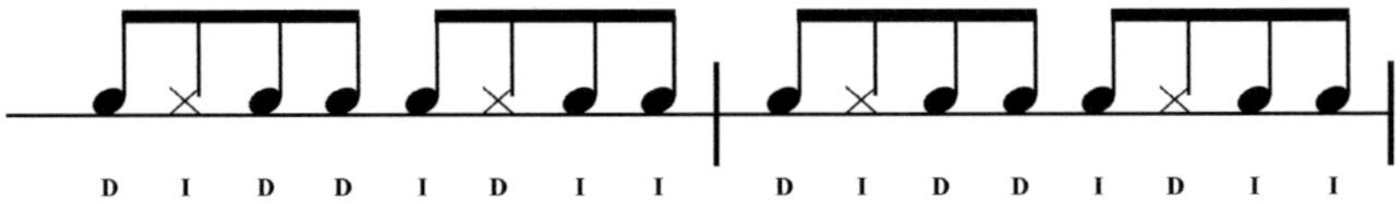

D I D D D I D I I   D I D D D I D I I

77

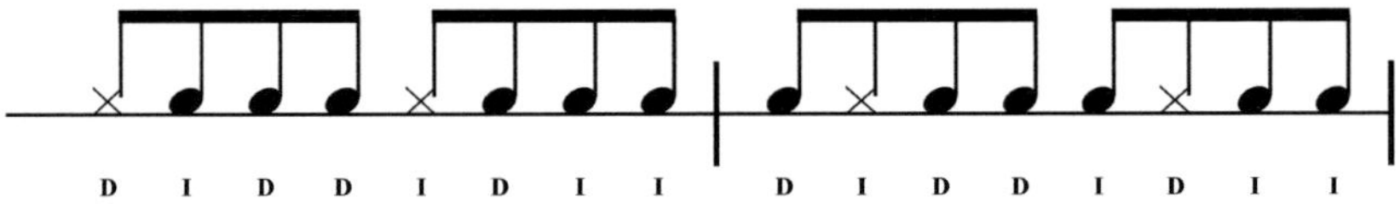

D I D D I D I I   D I D D I D I I

78

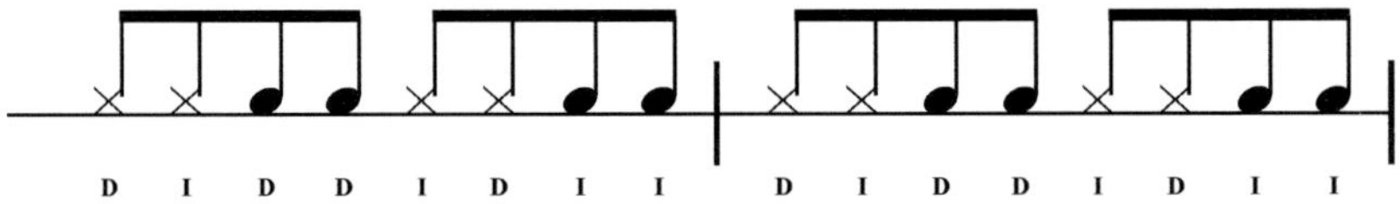

D I D D I D I I   D I D D I D I I

79

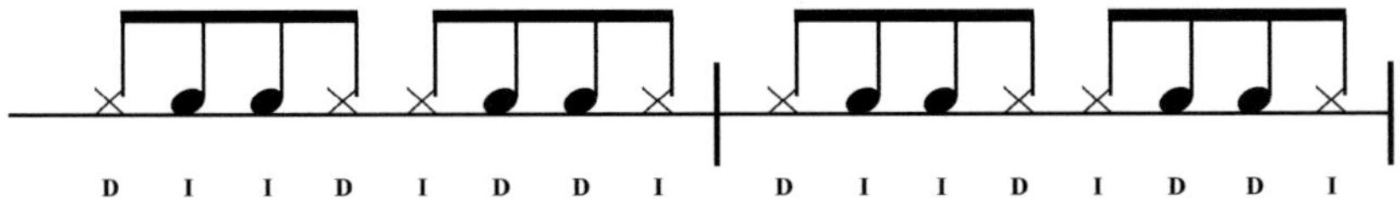

D I I D I D D I   D I I D I D D I

80

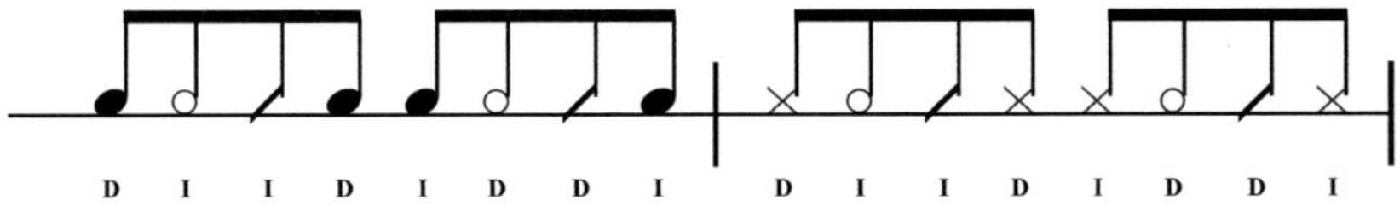

D I I D I D D I   D I I D I D D I

81

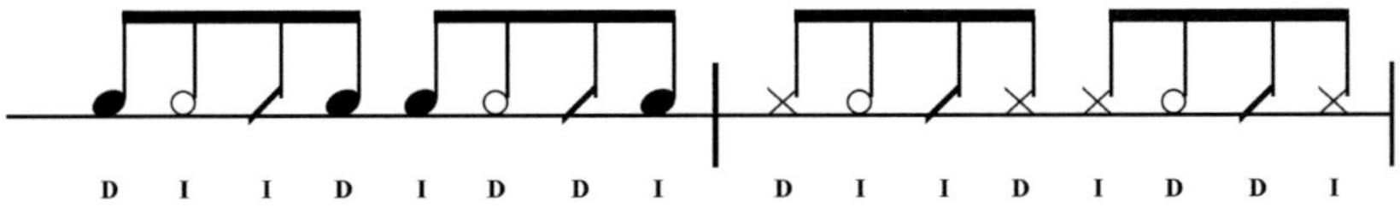

D I I D I D D I   D I I D I D D I

Paradiddle Simple – En dos congas

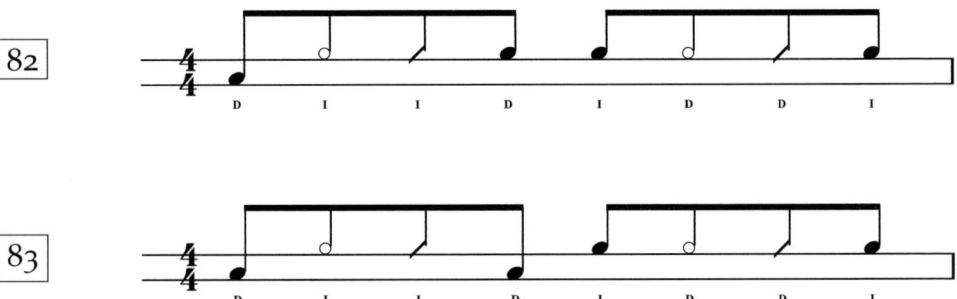

82

D I I D I D D I

83

D I I D I D D I

Paradiddle Simple – En tres congas

Paradiddle Doble – En una conga

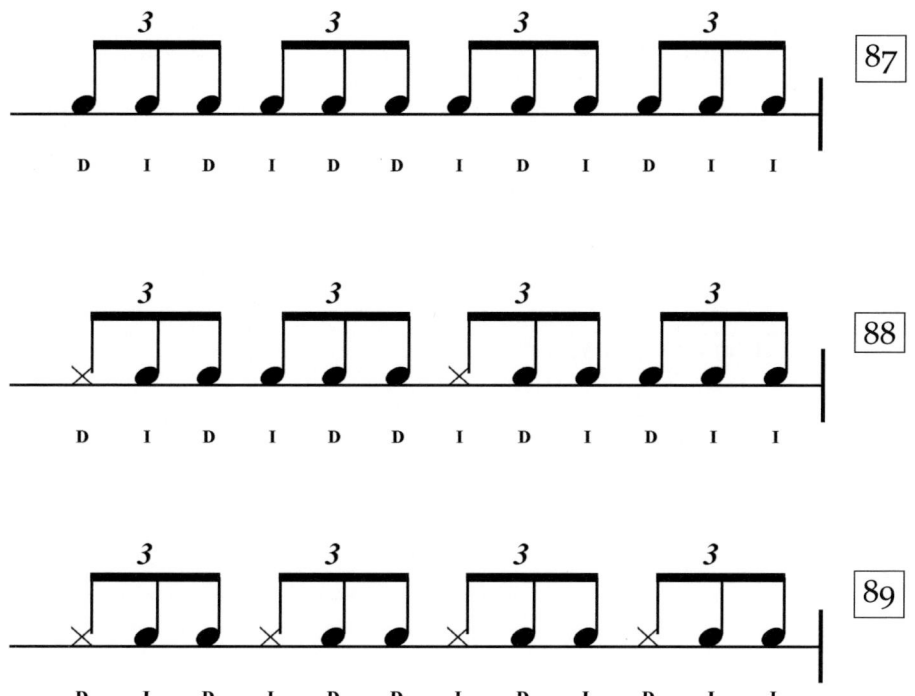

90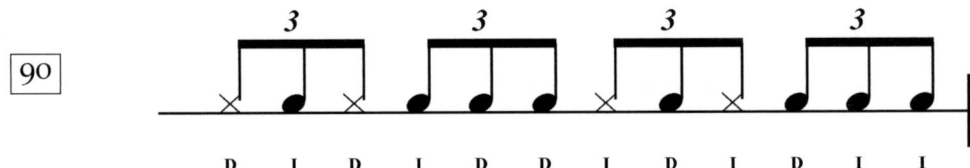

Paradiddle Doble – En dos congas

91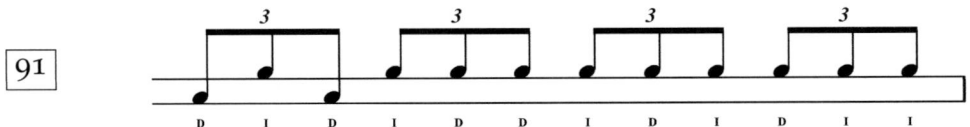

Paradiddle Doble – En tres congas

92

93

Con otra digitación

94

Paradiddle Diddle – En una conga

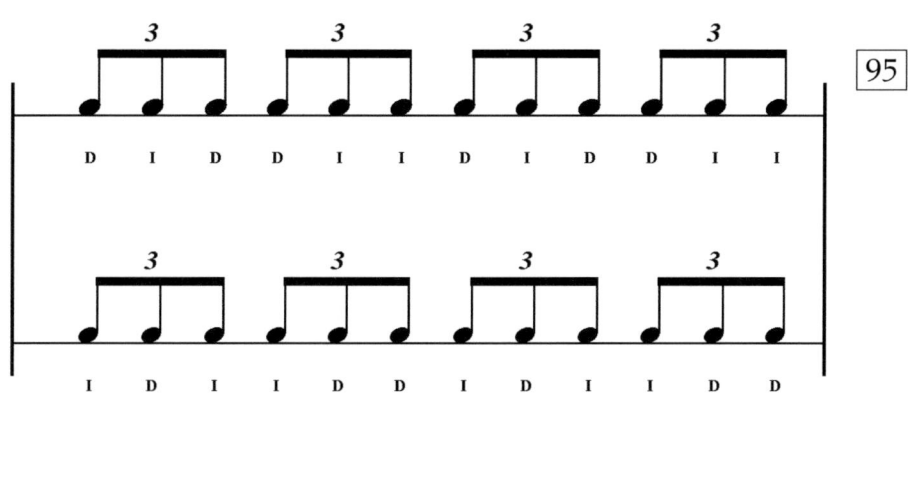

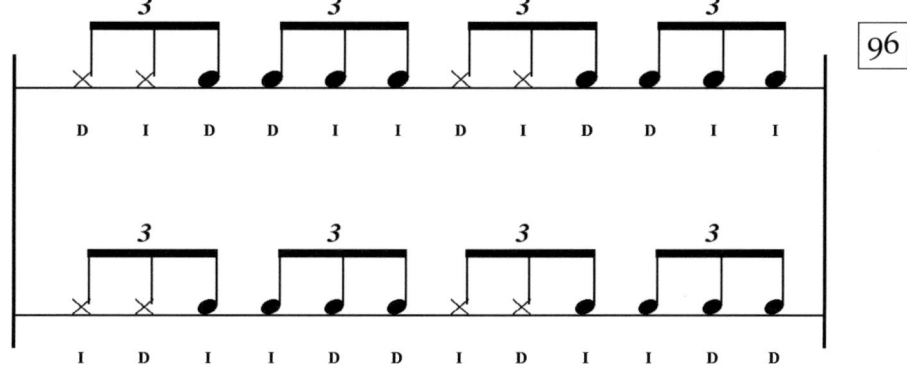

Paradiddle Diddle – En dos congas

Paradiddle Diddle – En tres congas

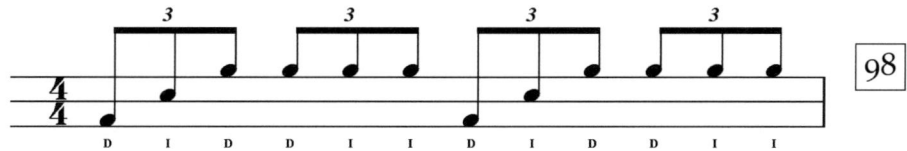

99

Flam – En una conga

100

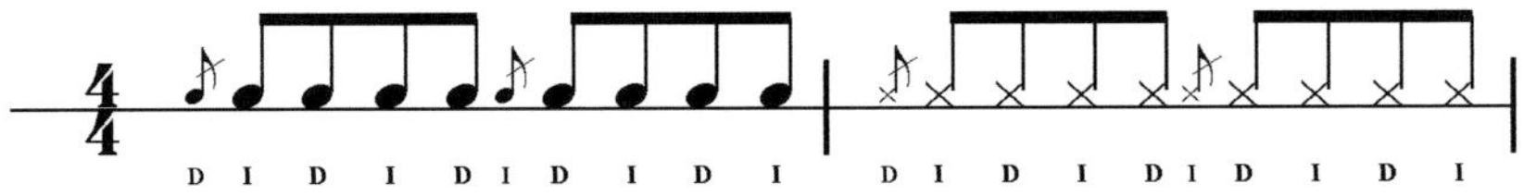

101

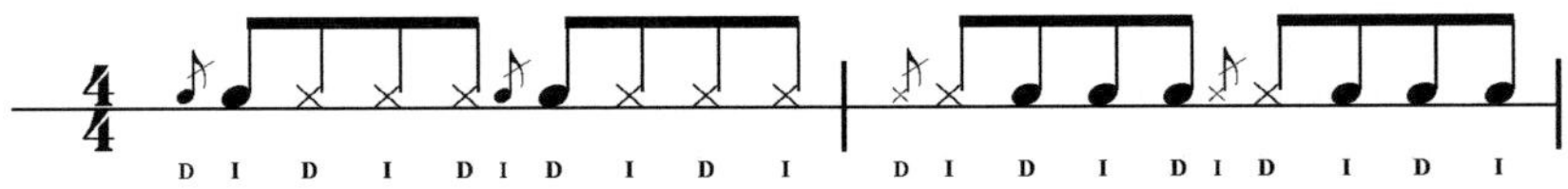

102

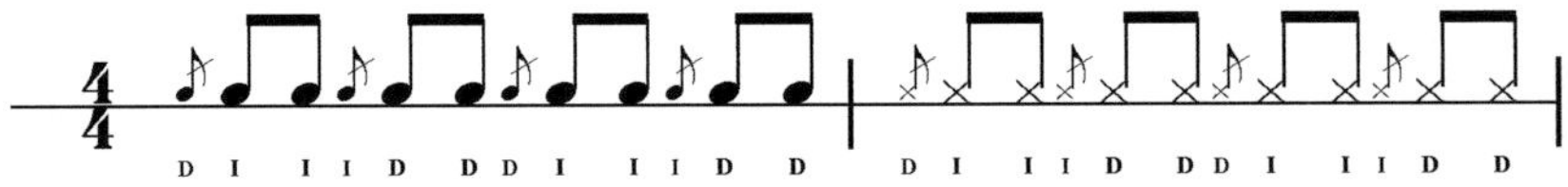

103

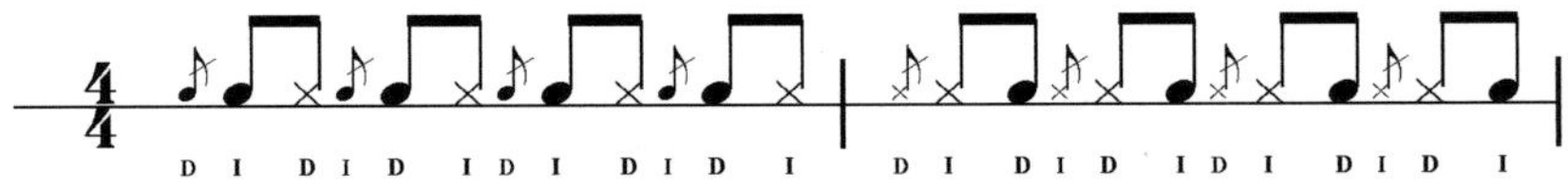

104

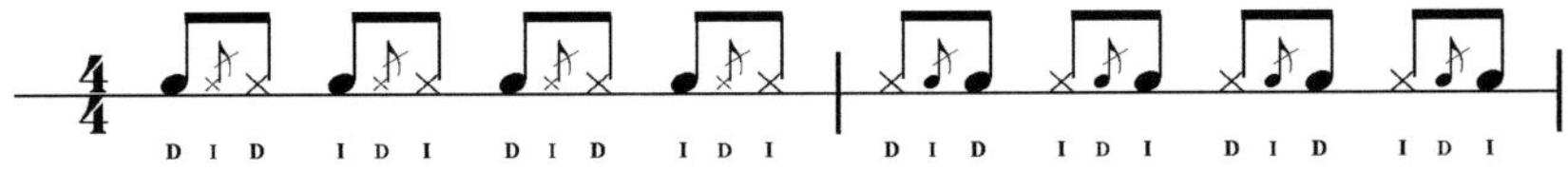

105

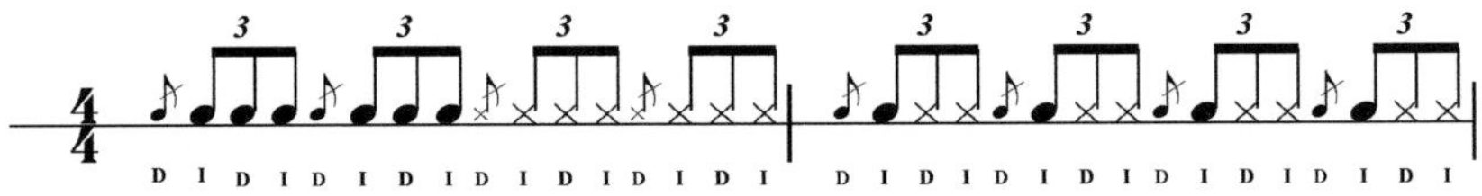

106

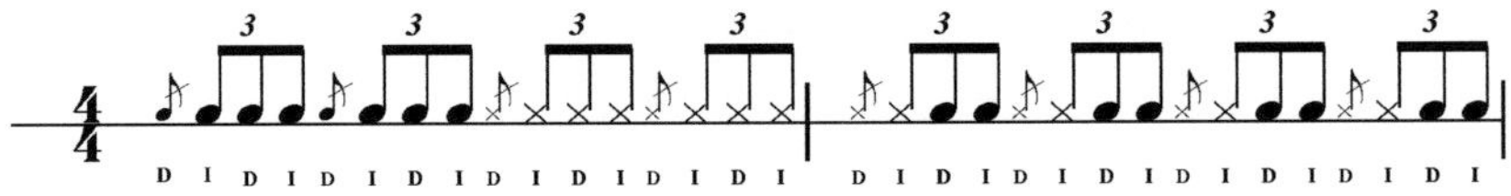

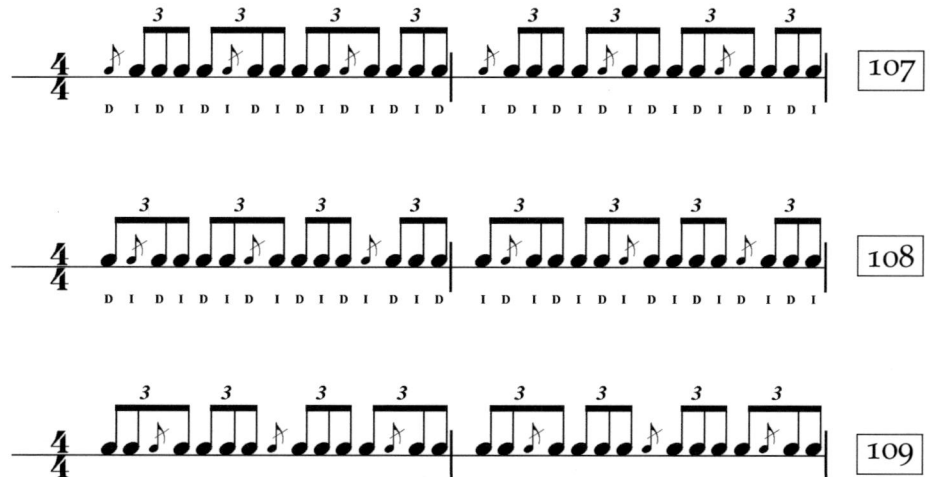

Flam – En dos congas

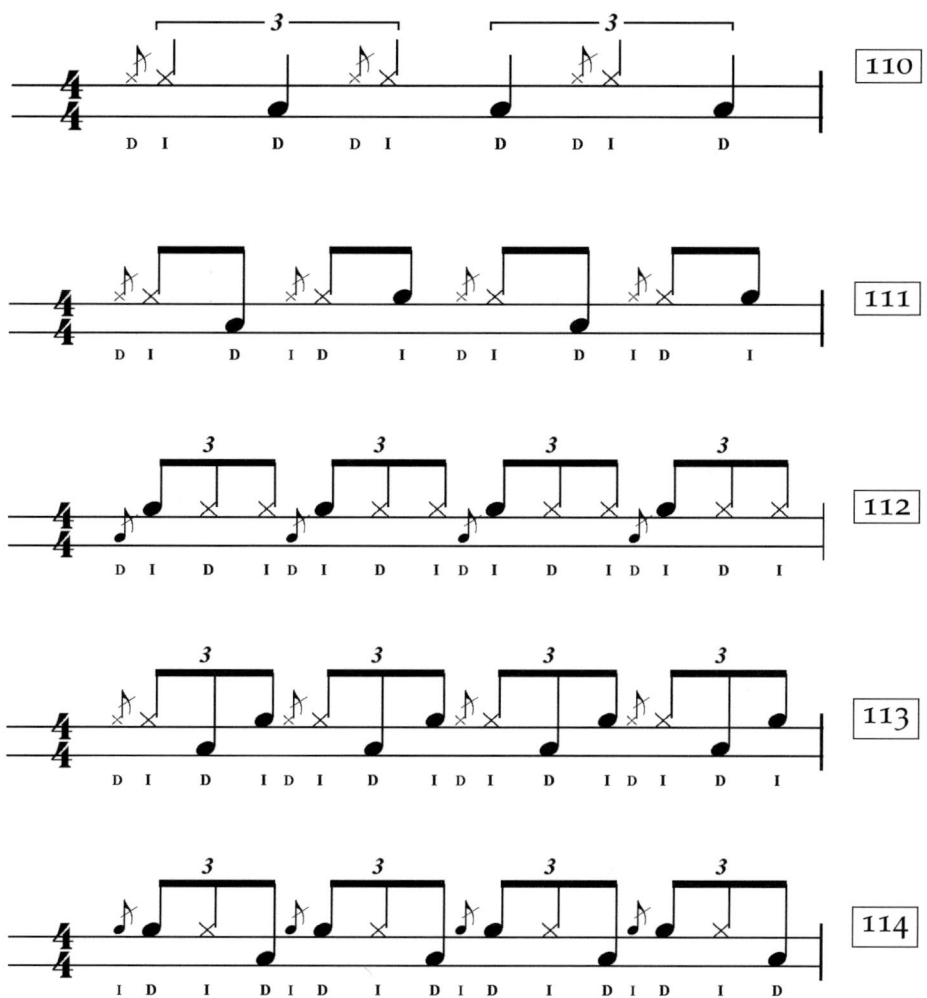

Flam – En tres congas

115

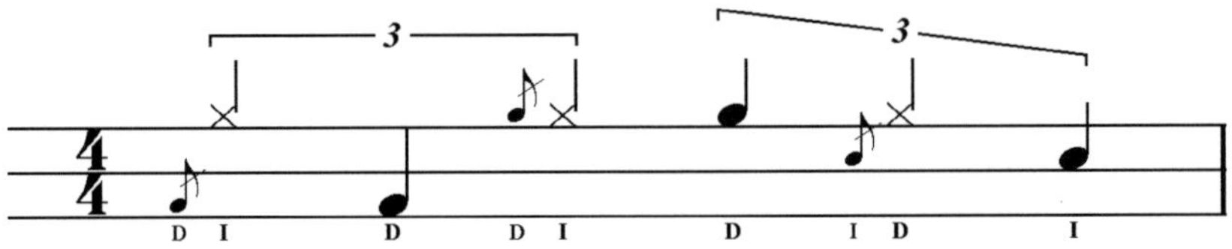

116

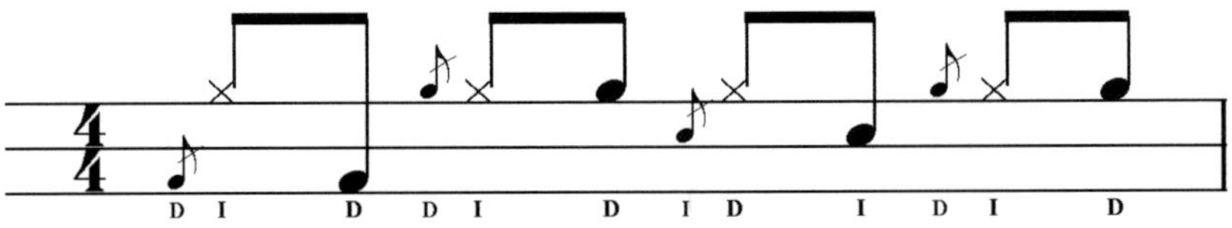

117

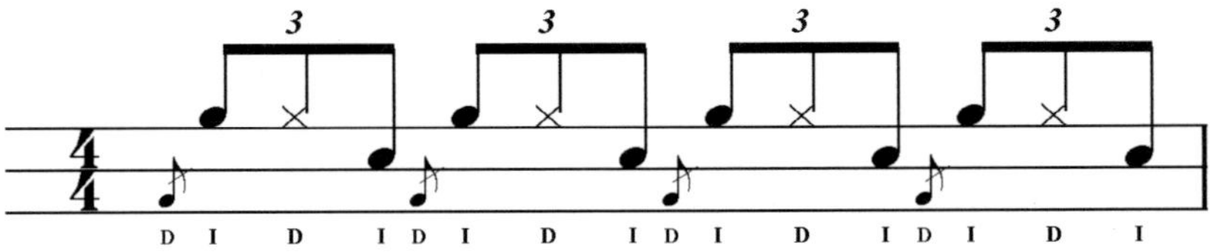

Rulo de cinco golpes

118

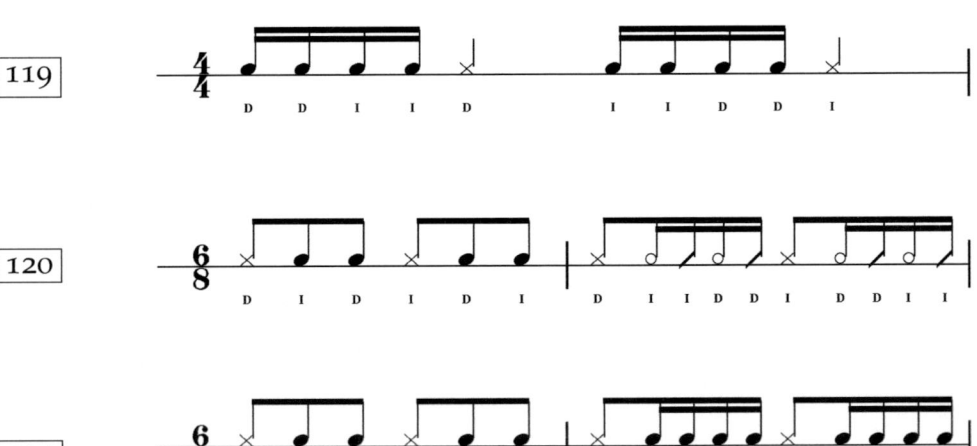

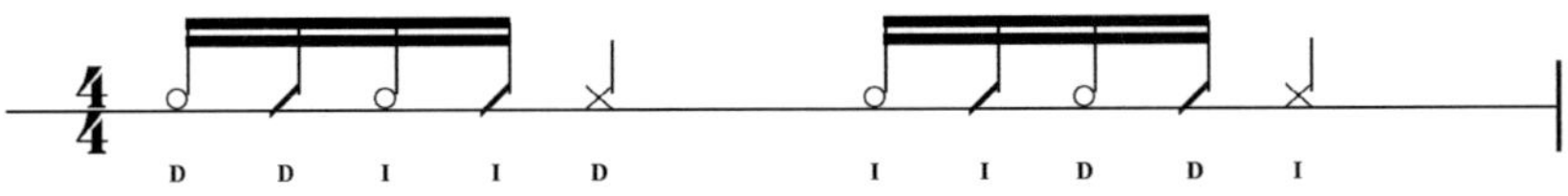

119

120

121

La marcha

Se le llama también «tumbao», término que designa a la base rítmica ejecutada por la percusión, el bajo y el piano.

Se toca en una, dos o más congas y su función es asegurar una base regular y estable que se complementa con el resto de la sección percusiva (timbal, bongó, claves, etc.) además del bajo y el piano.

Es el ritmo más conocido de la música cubana y se utiliza en el son, mambo, salsa, guajira, cha-cha-cha, guaracha y otros.

Marcha en una conga

Tradicionalmente se utiliza la marcha en una sola conga para la primera parte de una canción: introducción y tema. También cuando se quiere disminuir la intensidad (solos de piano y/o bajo).

Como vemos en el siguiente ejemplo, la marcha en una conga se toca en un solo compás, y coincide entonces con ambas partes de la clave.

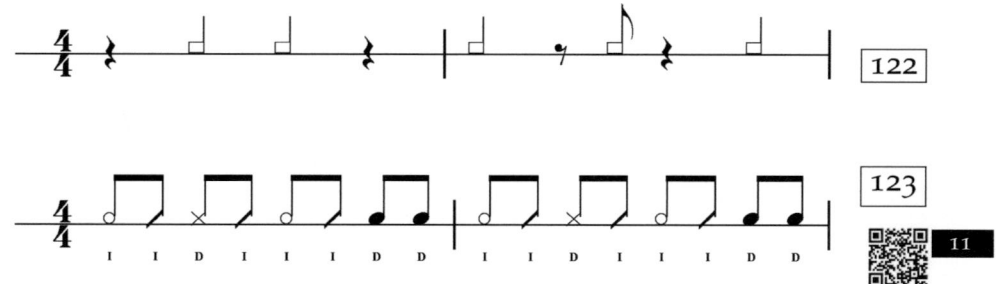

122

123

11

Variaciones en la marcha

Es muy común sustituir algunos sonidos para enriquecer este ritmo y generar más o menos tensión.

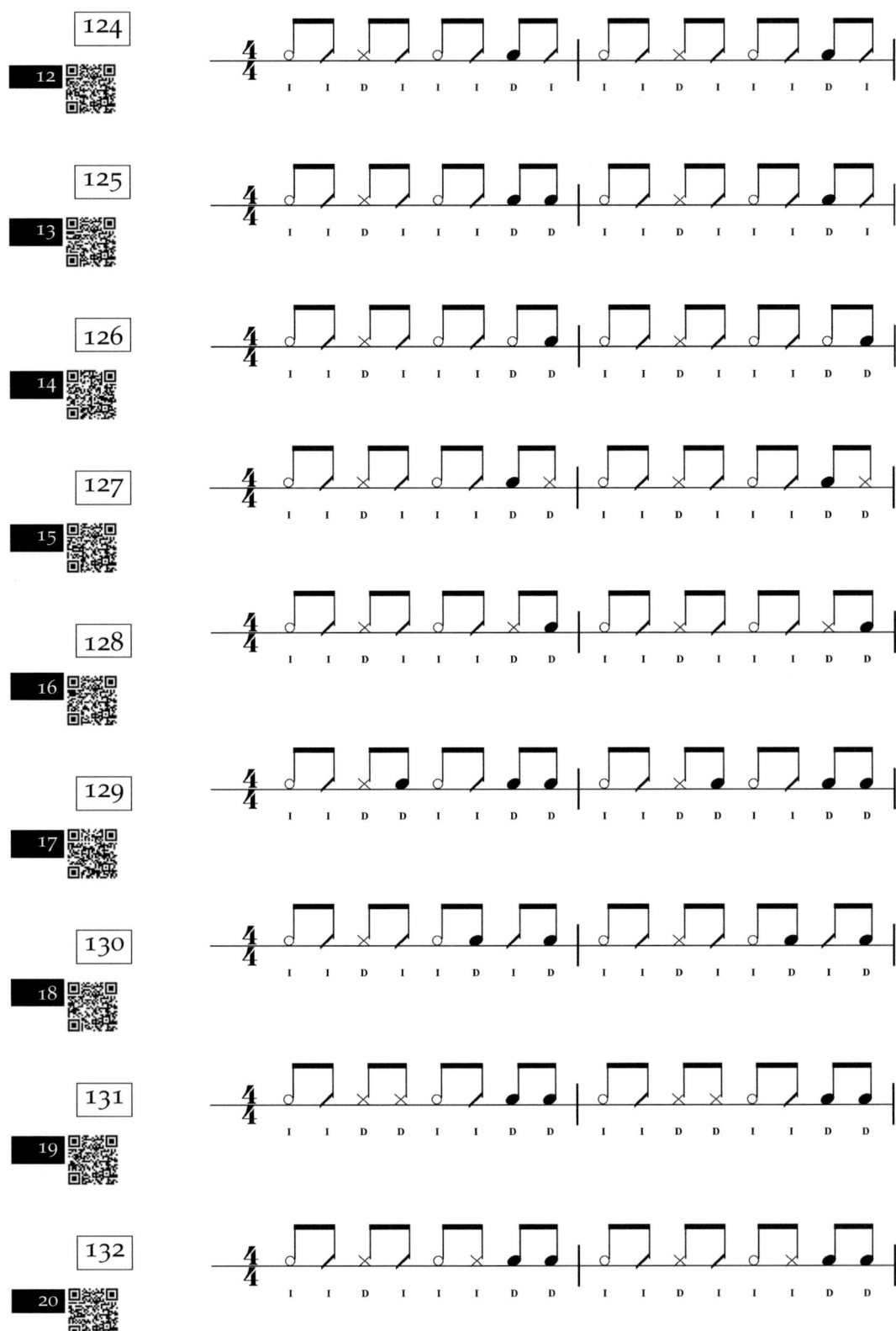

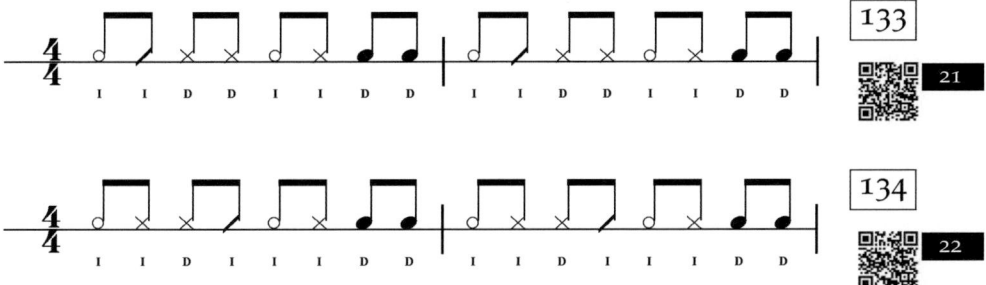

Marcha en dos congas

En la sección llamada «montuno», donde se da la alternancia del solista con el coro, la marcha se toca con dos o más congas.

El nuevo patrón rítmico está conformado por dos compases que se repiten.

Es muy importante respetar la relación justa entre este ritmo y la clave: la conga más grave debe coincidir con la parte tres de la clave, es decir con el compás donde se encuentran los tres golpes de la misma.

Veamos ahora diferentes posibilidades de la marcha en dos congas.

Se pueden también combinar los ejemplos de variaciones ya vistos en una conga con estas marchas en dos congas, dando lugar a nuevas variantes.

Clave 2–3

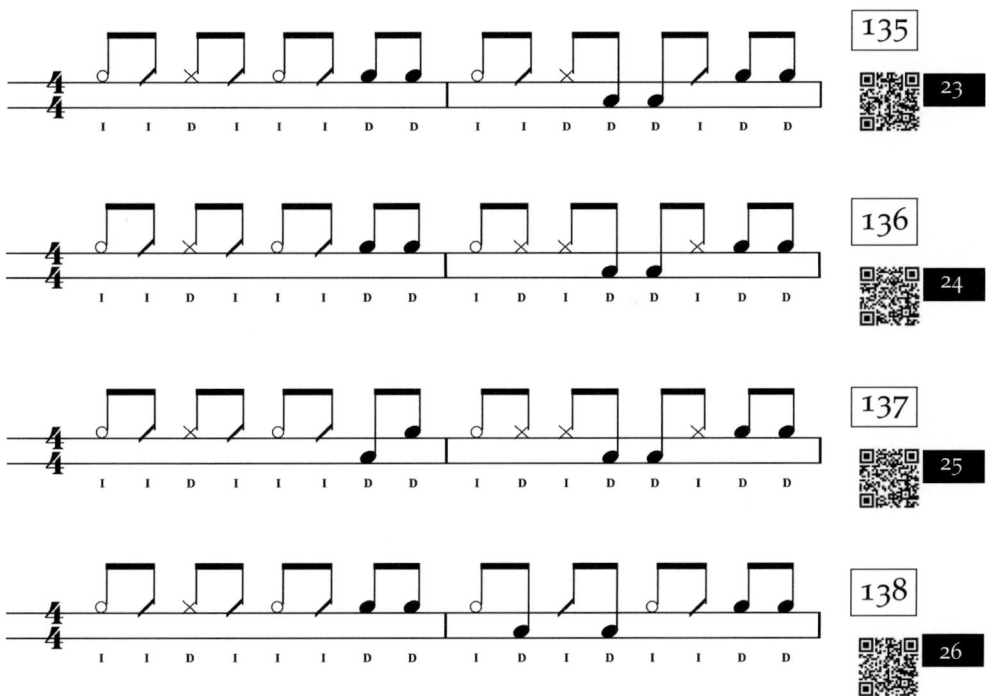

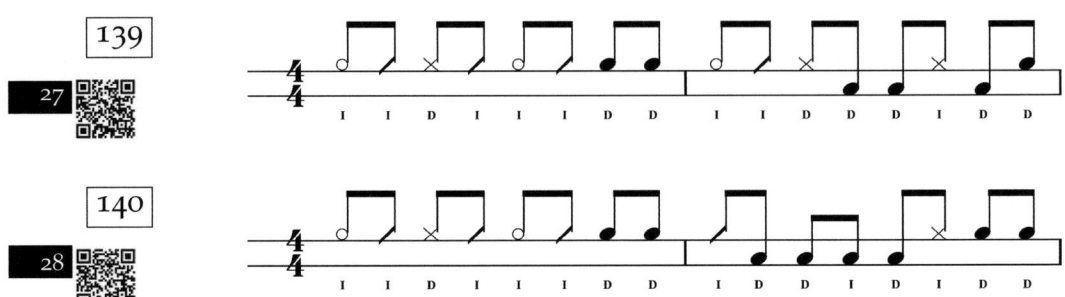

Marcha en tres congas

Con la inclusión de una tercera conga podemos enriquecer esta base rítmica y obtener más posibilidades melódicas.

Rudimentos en la marcha

EN ESTE CAPÍTULO veremos algunas aplicaciones de los rudimentos en el contexto de la marcha. Téngase en cuenta que las posibilidades en cuanto a duración, elección de sonidos y combinaciones de estos recursos son muy vastas.

Lo que sigue son algunos ejemplos utilizando rudimentos ya vistos anteriormente y algunos nuevos como el dragg y el ruff.

Paradiddle Simple – En una conga

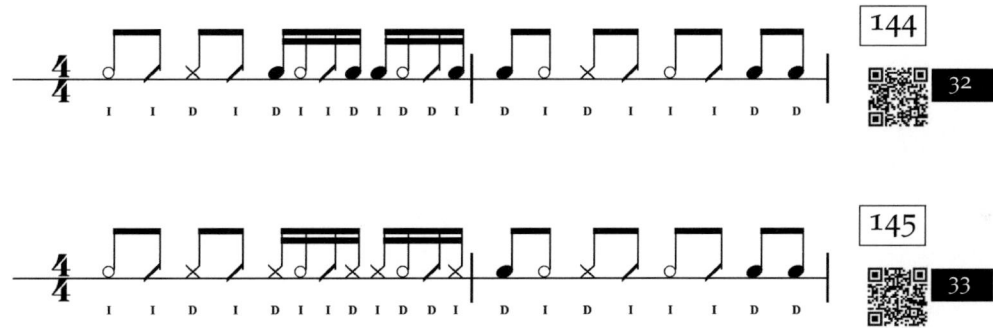

Paradiddle Simple – En dos congas

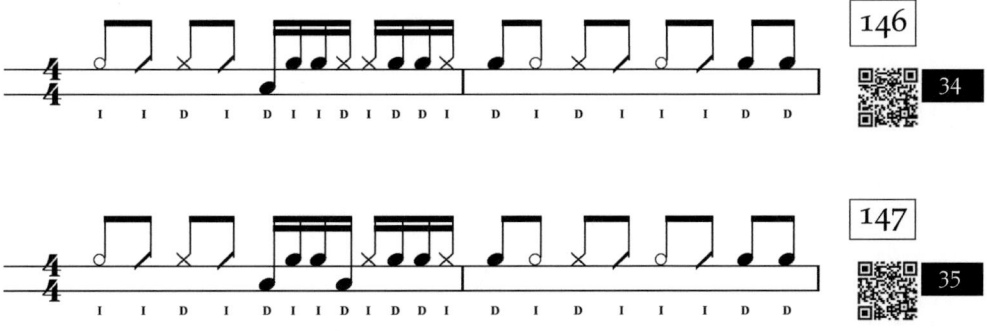

Paradiddle Simple – En tres congas

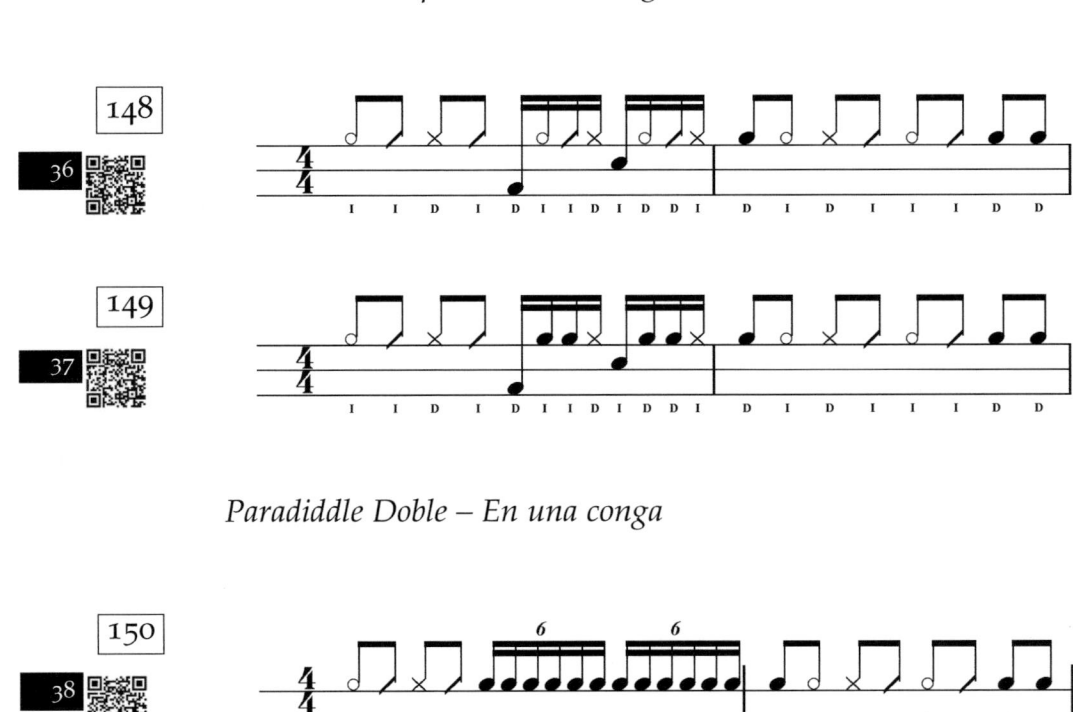

Paradiddle Doble – En una conga

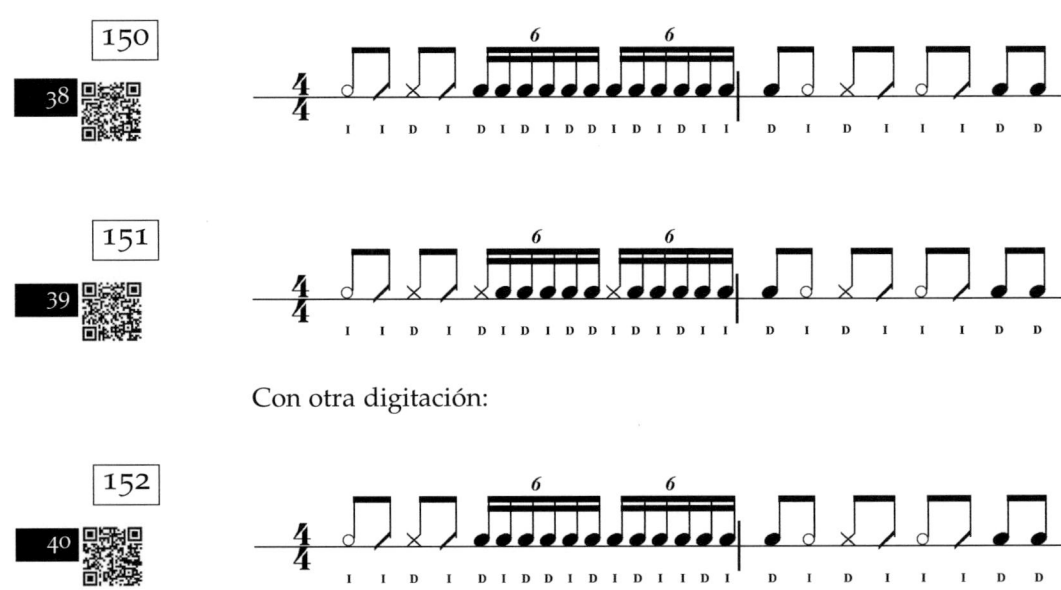

Con otra digitación:

Paradiddle Doble – En dos congas

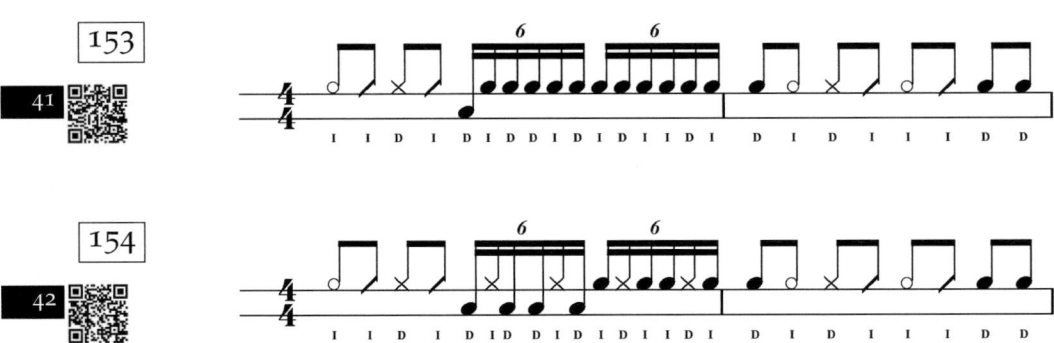

Paradiddle Doble – En tres congas

Paradiddle Diddle – En una conga

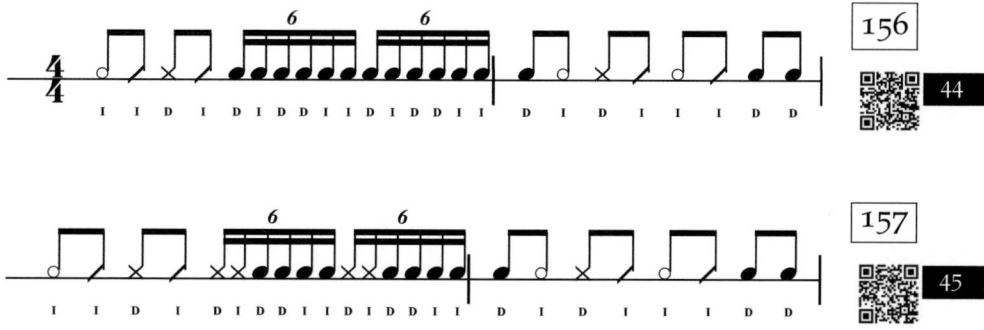

Paradiddle Diddle – En dos congas

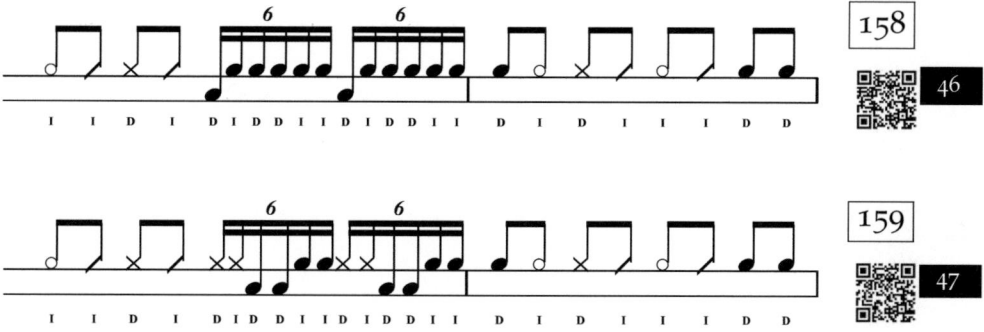

Paradiddle Diddle – En tres congas

Flam – En una conga

En el estilo de
Mongo Santamaría

En el estilo de
Mongo Santamaría

En el estilo de
Tata Güines

Flam – En dos congas

En el estilo de
Tata Güines

En el estilo de
Tata Güines

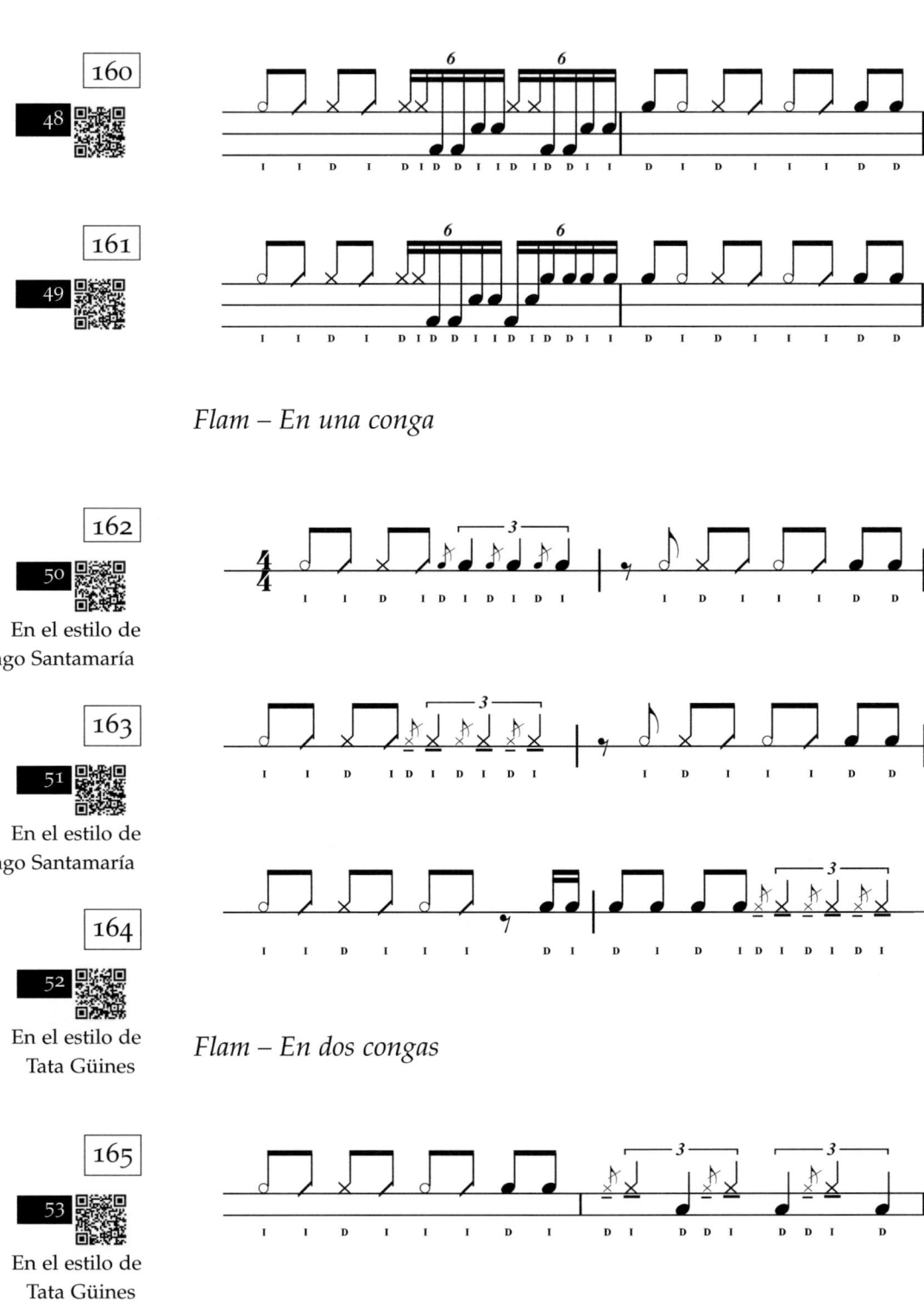

Dragg

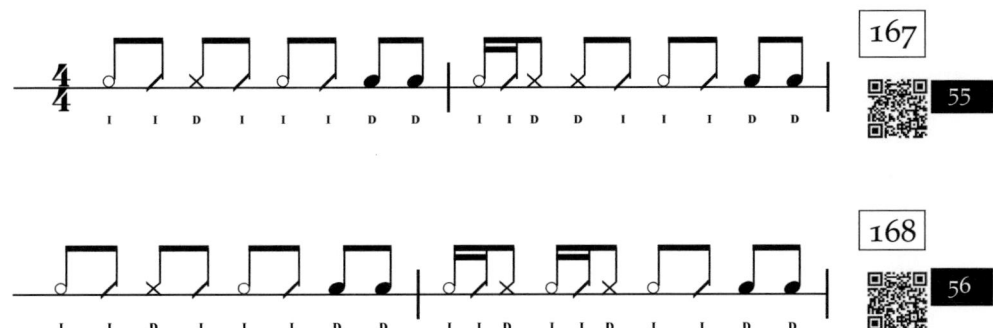

Ruff

Rulo de cinco golpes – En una conga

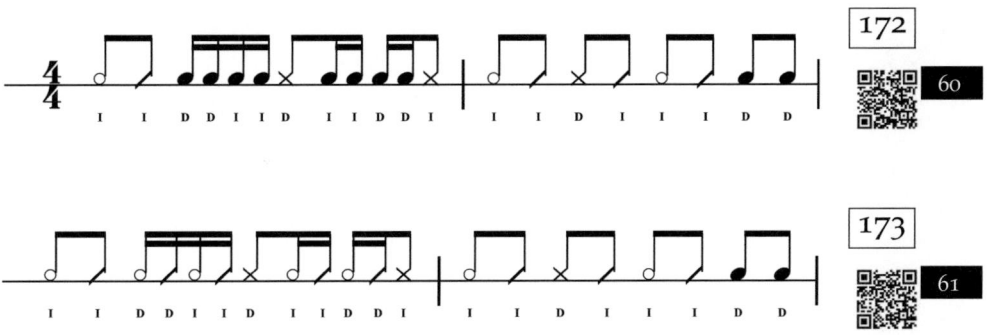

Rulo de cinco golpes – En dos congas

Rulo de cinco golpes – En tres congas

Vemos ahora otros ejemplos de recursos técnicos empleados por Changuito, donde se utilizan movimientos con la mano no hábil (en este caso la mano izquierda), como ya vimos en algunos rudimentos.

Changuito le llamó a su estilo «la mano secreta».

En los siguientes tres ejemplos se muestran diferentes posibilidades de este movimiento.

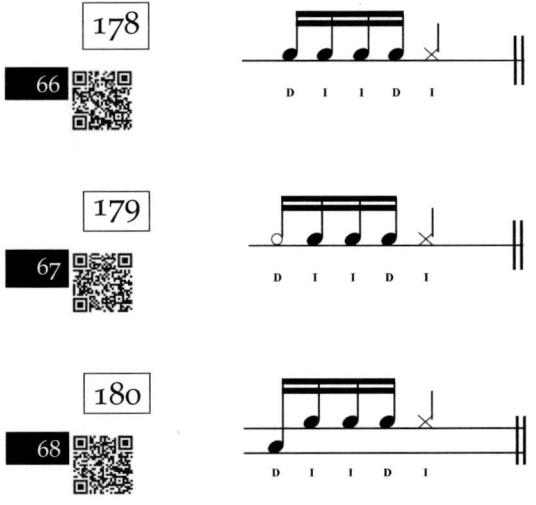

Algunos ejemplos de la aplicación de este recurso en el tumbao:

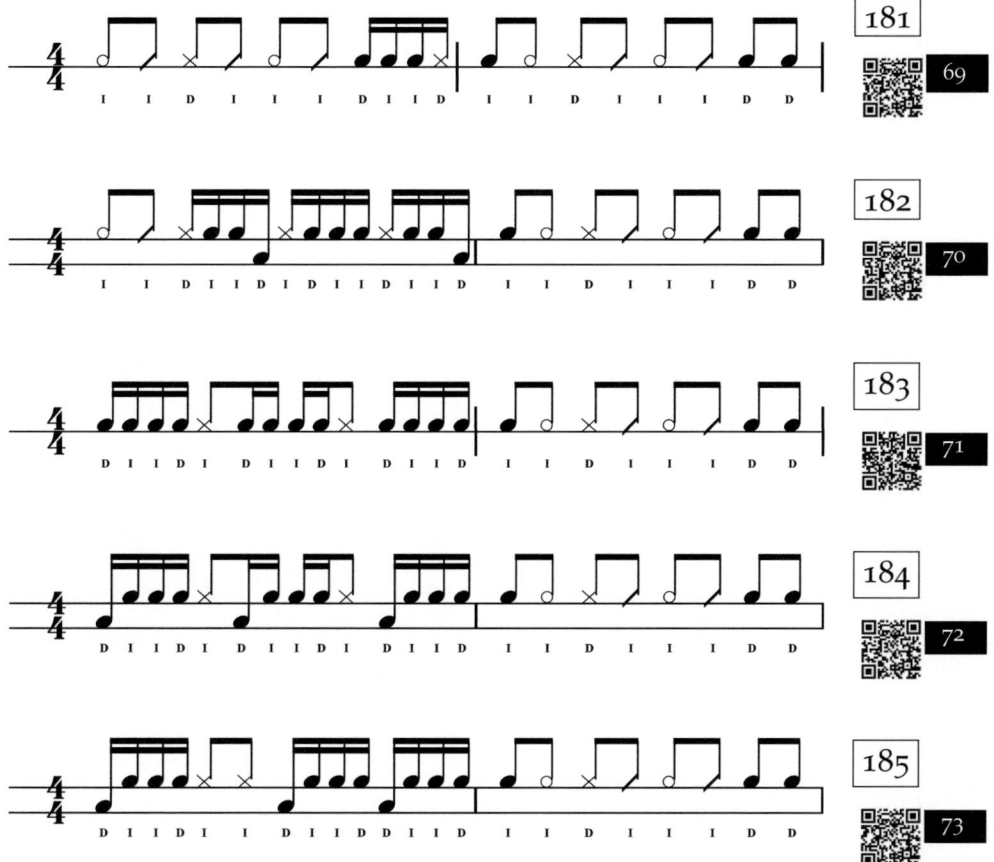

Un son sobre la mesa con Giovanni Hidalgo (2005)

Con Tata Güines en La Habana (1990)

Con Ruben Rada (1995)

Con Jaime Ross (2006)

Pacá

ESTE INTERESANTE y poco conocido ritmo cubano fue creado por el compositor y guitarrista Juanito Márquez en La Habana, por la década del '60. Tuvo mucha popularidad en ese momento, pero luego quedó relegado y prácticamente no se tocó más.

Desde hace unos años ha sido rescatado y ha vuelto a sonar en Cuba, como sucede con el Pilón.

Además de sus obvias raíces cubanas, contiene elementos del joropo venezolano y del merengue dominicano.

Fue originalmente creado para una sección de percusión que incluía clave, woodblock, congas, timbales y bongó. Cada músico tocaba una parte específica con numerosas variaciones.

Se utiliza un patrón de clave específico del pacá, y además se mantiene el concepto de la clave de son.

En el siguiente ejemplo tenemos el patrón básico de pacá en dos congas. Con una baqueta en la mano izquierda tocamos en el cuerpo de la conga y con la derecha en los cueros.

La clave es 2-3, respetando la relación de la conga grave con la parte «tres» de la clave.

186

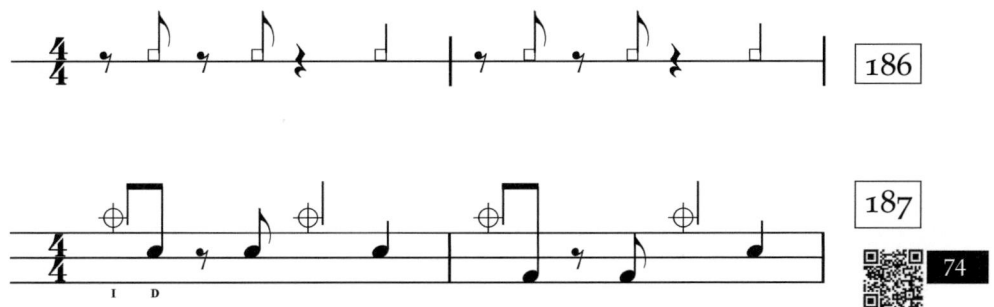

187

74

En las siguientes variaciones para dos y tres congas, sustitui-
mos la baqueta en el cuerpo de la conga por sonidos tapados en el
quinto.

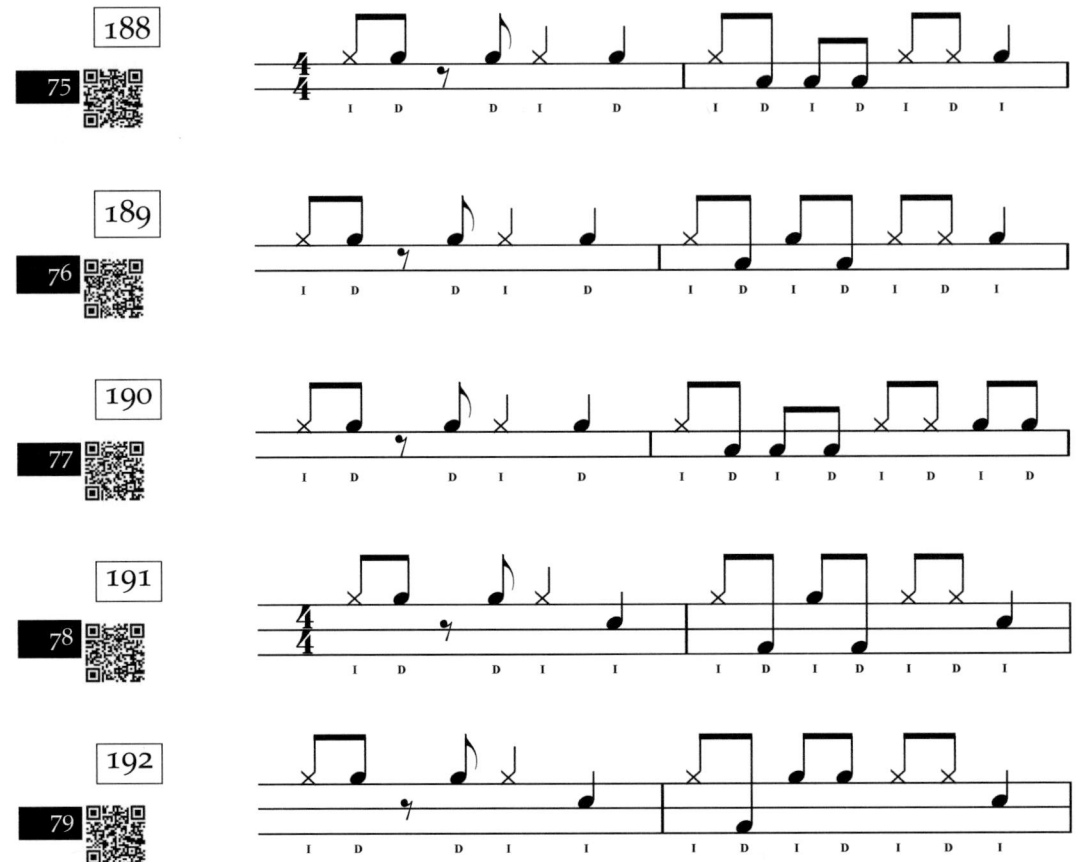

Pilón

EL RITMO pilón es una variante sonera creada por el compositor Enrique Bonne a fines de los '50 en la región oriental de Cuba, y que se popularizó en esa época a través del cantante Pacho Alonso y su grupo Los Bocucos.

El tema más famoso, «Rico Pilón», fue compuesto por Pacho Alonso a principios de la década del '60.

Este estilo es más melódico que la marcha, aunque conserva los acentos característicos de ésta (2do y 4to tiempo).

La sección de percusión incluye timbales, congas, claves y güiro.

El término «pilón» designa un tipo de mortero rústico utilizado en las zonas rurales para moler el café, y el baile semeja el movimiento usado para esos fines.

Existen muchas maneras de tocar pilón en las congas, a continuación mostraremos algunos de los más utilizados.

193

Clave de son
2-3

194

80

195

81

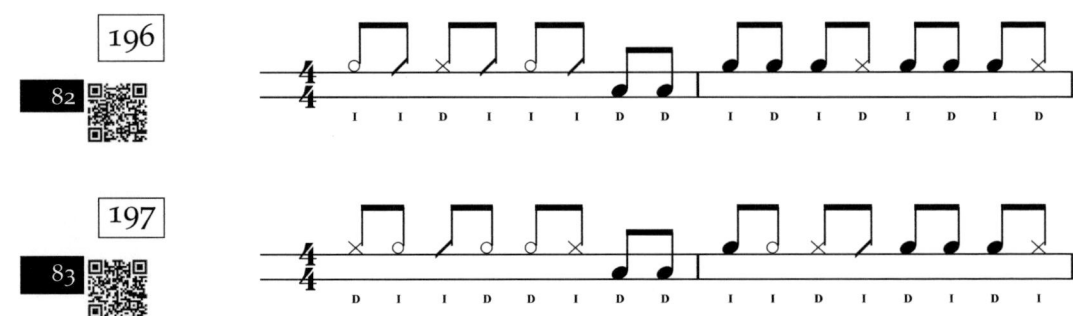

Songo

EN LOS AÑOS '70 el bajista y compositor Juan Formell, liderando el famoso grupo Los Van Van revolucionó la música cubana al crear el songo.

Este estilo fusionó diferentes elementos del son, la rumba y la conga con el jazz y el funk.

Al principio de Los Van Van, la base rítmica estaba constituida por el baterista Blas Egües y el conguero Raúl «Yulo» Cárdenas, pero luego, con el ingreso de «Changuito» Quintana en la batería y el timbal, este ritmo se vio completamente enriquecido con sus aportes.

Juan Formell y Changuito crearon diferentes bases rítmicas y variaciones para interpretar este ritmo, que ha influido notablemente en otros estilos como el funk y el jazz.

Otra popular orquesta cubana, la Ritmo Oriental, desarrolló este estilo en los años '70, con la percusión del conguero Juan Bravo y la fusión de batería y timbal de Daniel Díaz.

Existen muchas variantes de songo en las congas; aquí vemos algunas.

Una marcha de songo utilizada en muchos temas de Los Van Van, particularmente en la introducción, es este patrón llamado «Bota» por Changuito.

Clave de rumba 2-3

198

Bota

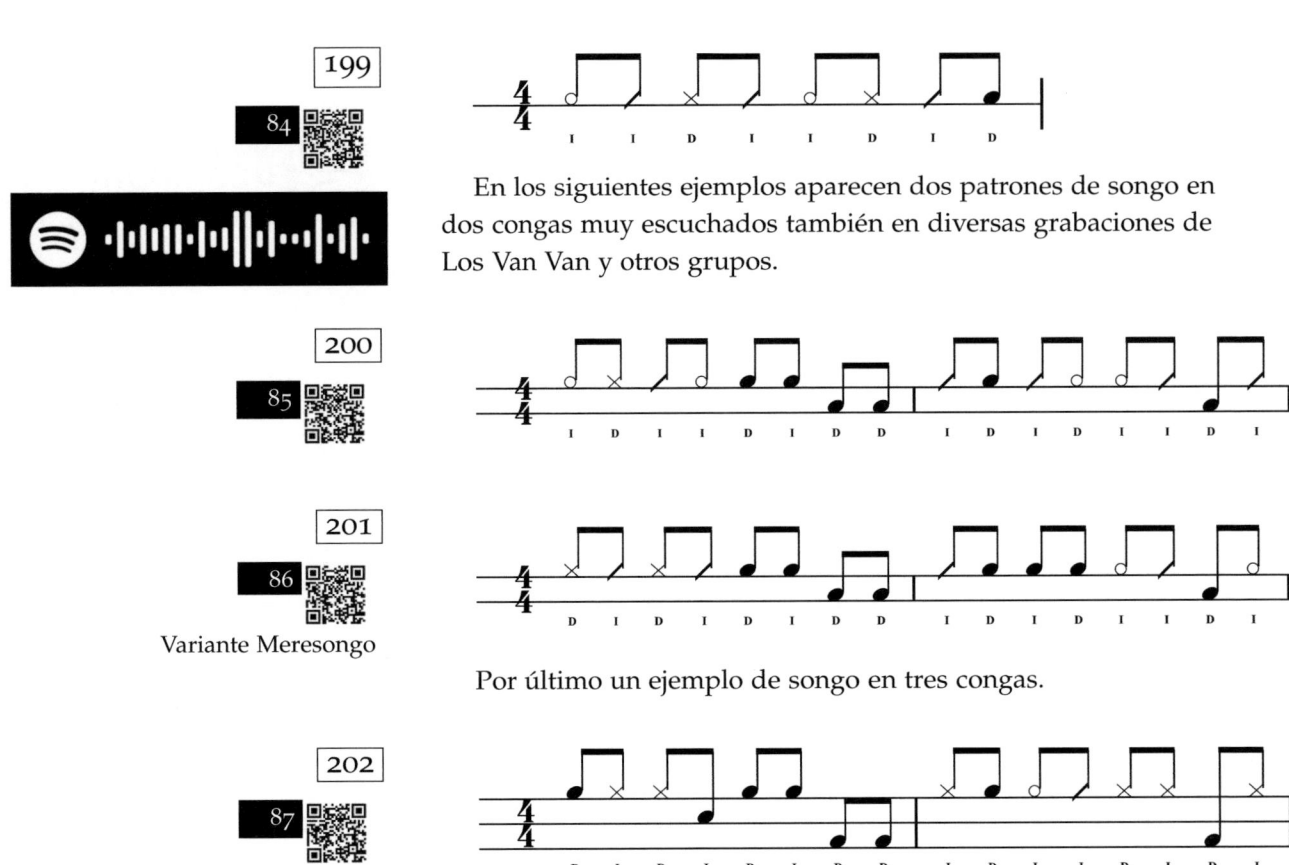

En los siguientes ejemplos aparecen dos patrones de songo en dos congas muy escuchados también en diversas grabaciones de Los Van Van y otros grupos.

Variante Meresongo

Por último un ejemplo de songo en tres congas.

La Rumba

A FINES del siglo XIX, se declara la abolición de la Trata de negros y la esclavitud en Cuba. Esto provocó la emigración de miles de antiguos esclavos de diferentes etnias africanas hacia la ciudad en búsqueda de empleo.

Debido a sus escasos recursos y a la imposibilidad de integrarse en el sistema económico, quedaron relegados a establecerse en las zonas periféricas y barrios marginales, mayormente en la ciudad de La Habana. También se afincaron en los llamados solares (un equivalente cubano de lo que sería el conventillo en el Río de la Plata). Es en este contexto que surge un tipo de fiesta colectiva y profana: la rumba, donde se cantaba y se bailaba con un acompañamiento rítmico.

«Rumba» se convirtió en el sinónimo cubano de fiesta, y verbos como «rumbear» describieron entonces la actividad de bailar, festejar y divertirse del cubano.

De las numerosas formas antiguas de la rumba tales como la Jiribilla, Palatino, Resedá, etc., solo han sobrevivido tres géneros: el yambú, la columbia y el guaguancó, siendo este último el elemento verdaderamente popular en la actualidad.

Al principio, el acompañamiento rítmico de la rumba se realizaba con la percusión de diversos objetos de la vida cotidiana como cajones de roperos o cómodas, puertas, taburetes, dos cucharas, botellas, etc. Luego se pasó a la utilización de cajones de diferentes tamaños, en los cuales se importaba el bacalao. Se utilizaba un cajón para el registro grave y uno más pequeño para el plano agudo, que tenía una función improvisatoria. Eventualmente utilizaban un tercer cajón para el registro medio.

Con los cajones se acompañaba a un cantante solista que además tocaba las claves, para estabilizar la polirritmia general del toque. Con posterioridad comenzaron a utilizarse tres tumbadoras y cada una de ellas asumió una función bien definida en el toque. De acuerdo con su registro y función se denominaron de agudo a grave: quinto, tres dos o tres golpes y salidor o tumbador. El tres dos y el salidor establecen la base del toque, mientras que el quinto tiene una función netamente improvisatoria. Este conjunto instrumental se amplió luego con otro ejecutante que percutía con dos palos el cuerpo de madera de uno de los tambores, conocido como «cáscara». Posteriormente los ritmos de la cáscara pasaron a tocarse sobre un pequeño tronco de madera ahuecada suspendido en un marco igualmente de madera, al cual se le llamó catá. También puede agregarse ocasionalmente un güiro o chekere marcando el pulso. Este tipo de agrupación instrumental se generalizó en Cuba y luego trascendió sus fronteras a partir de la década del '50, gracias a la agrupación profesional pionera de la rumba: Los Muñequitos de Matanzas. A fines de la década del '80 se estableció en Cuba un nuevo formato instrumental de rumba, desarrollado en principio por dos populares grupos de rumba: Yoruba Andabo y Clave y Guaguancó, que ampliaron el instrumental utilizado hasta ese momento, combinando cajones, tumbadoras y tambores batá.

Los Muñequitos de Matanzas.

En los siguientes ejemplos veremos el guaguancó en el estilo ejecutado tradicionalmente en la ciudad de La Habana, primero en su versión folklórica tradicional y luego en diferentes adaptaciones para dos y tres tumbadoras, ejecutadas por un solo percusionista.

Guaguancó de La Habana

203

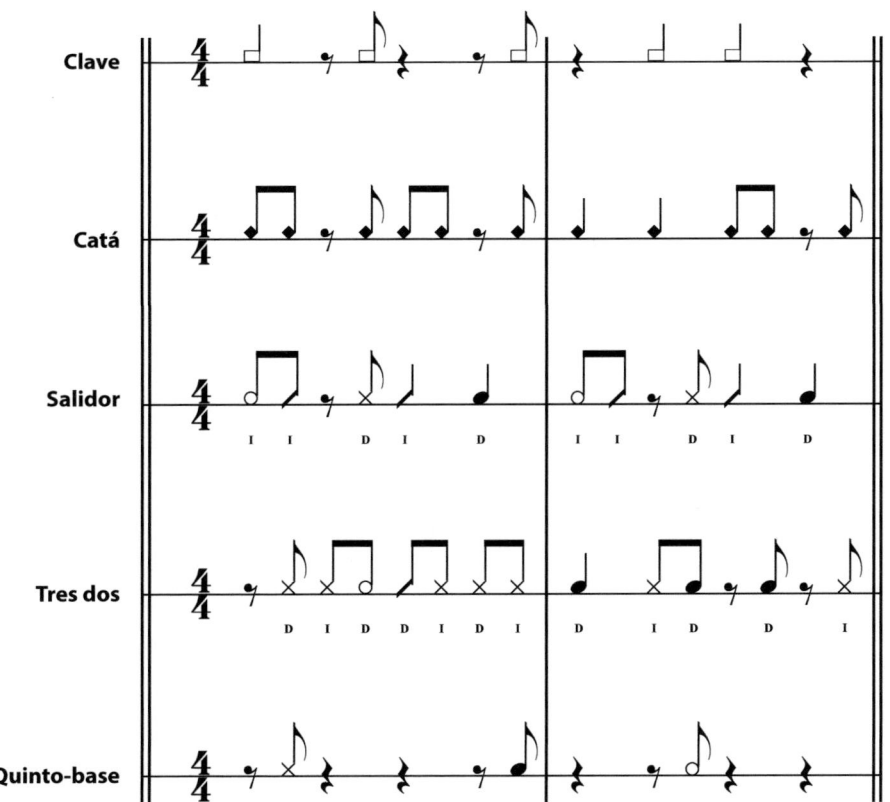

Frases del quinto

El quinto tiene una función netamente improvisatoria. Veamos algunas frases muy utilizadas por distintos rumberos.

En estos ejemplos, la improvisación del quinto está armada en un ciclo de dos claves.

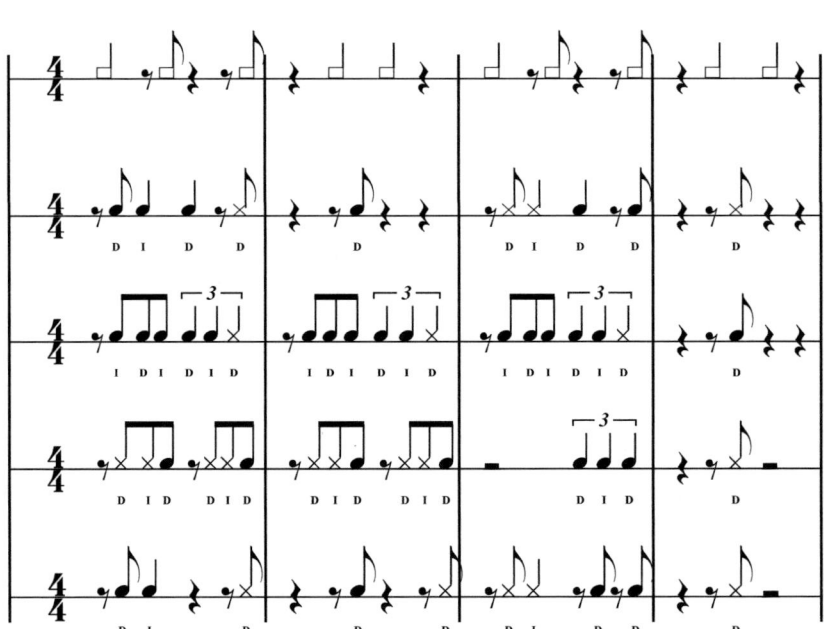

Adaptaciones para un percusionista en dos congas

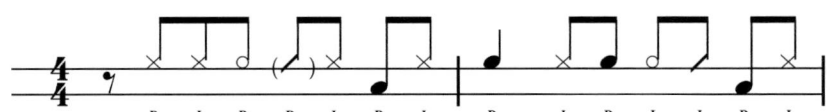

Variaciones

En los siguientes ejemplos vemos diferentes versiones del guaguancó en dos congas. Las variaciones aquí están dadas por el salidor en una y otra parte de la clave.

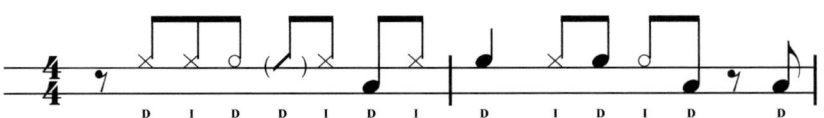

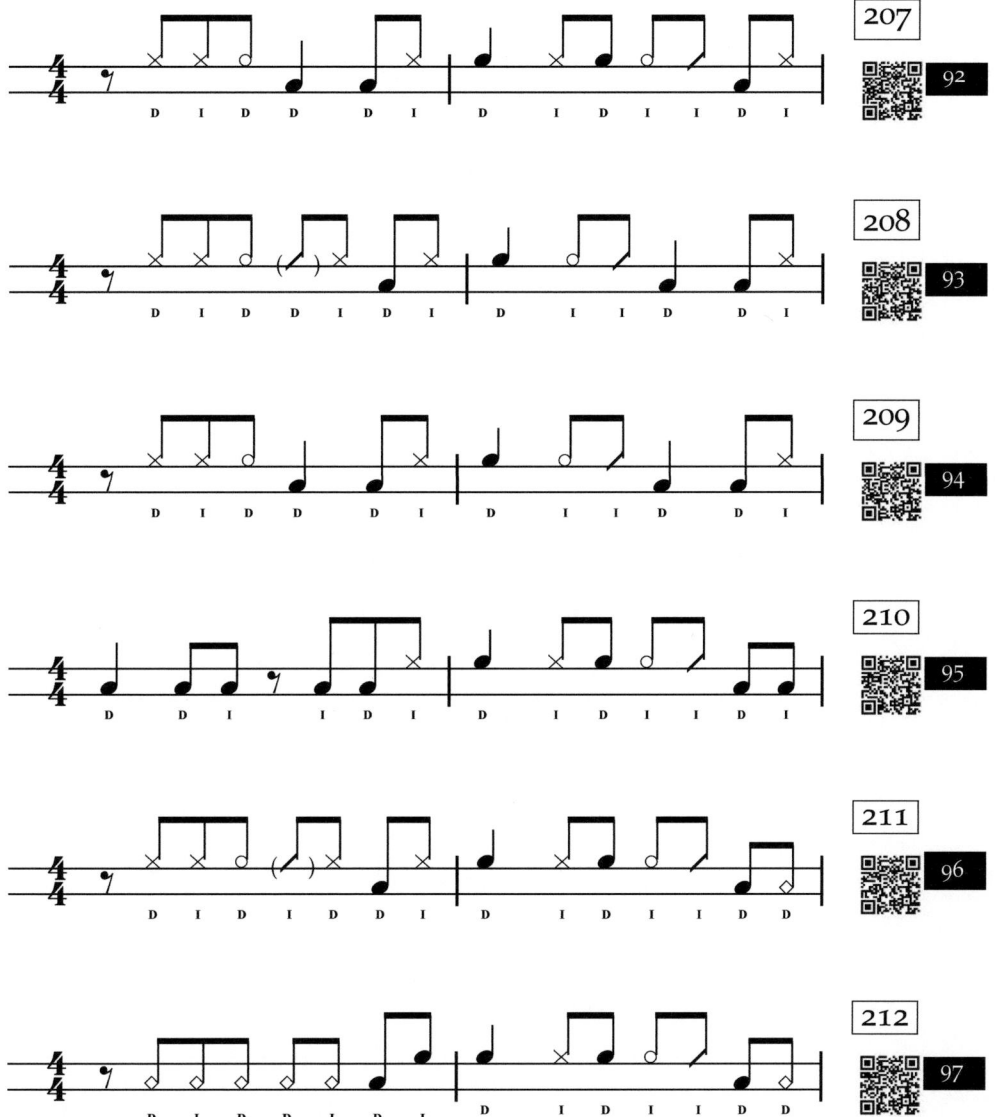

En este caso las variantes están marcadas por los sonidos abiertos correspondientes al 3-2.

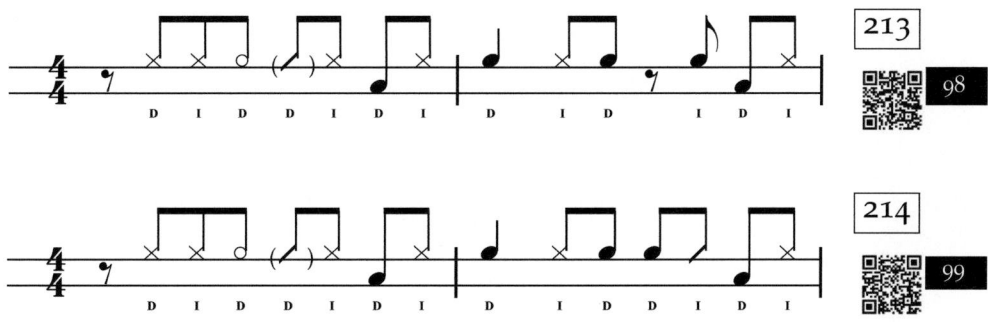

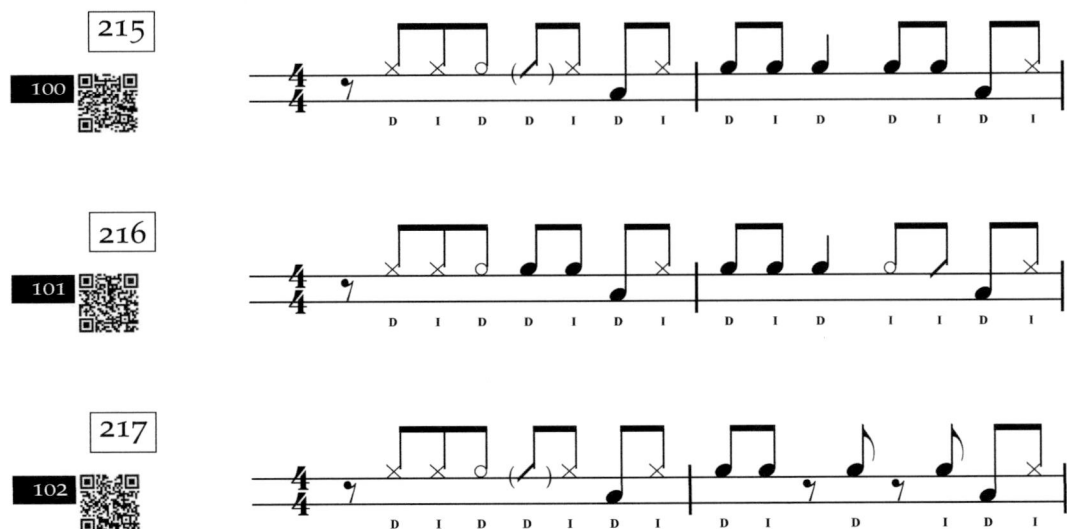

Por supuesto, podemos combinar variaciones de las dos congas y crear de este modo nuevas versiones.

Adaptaciones para un percusionista en tres congas

Influencias africanas en la música cubana

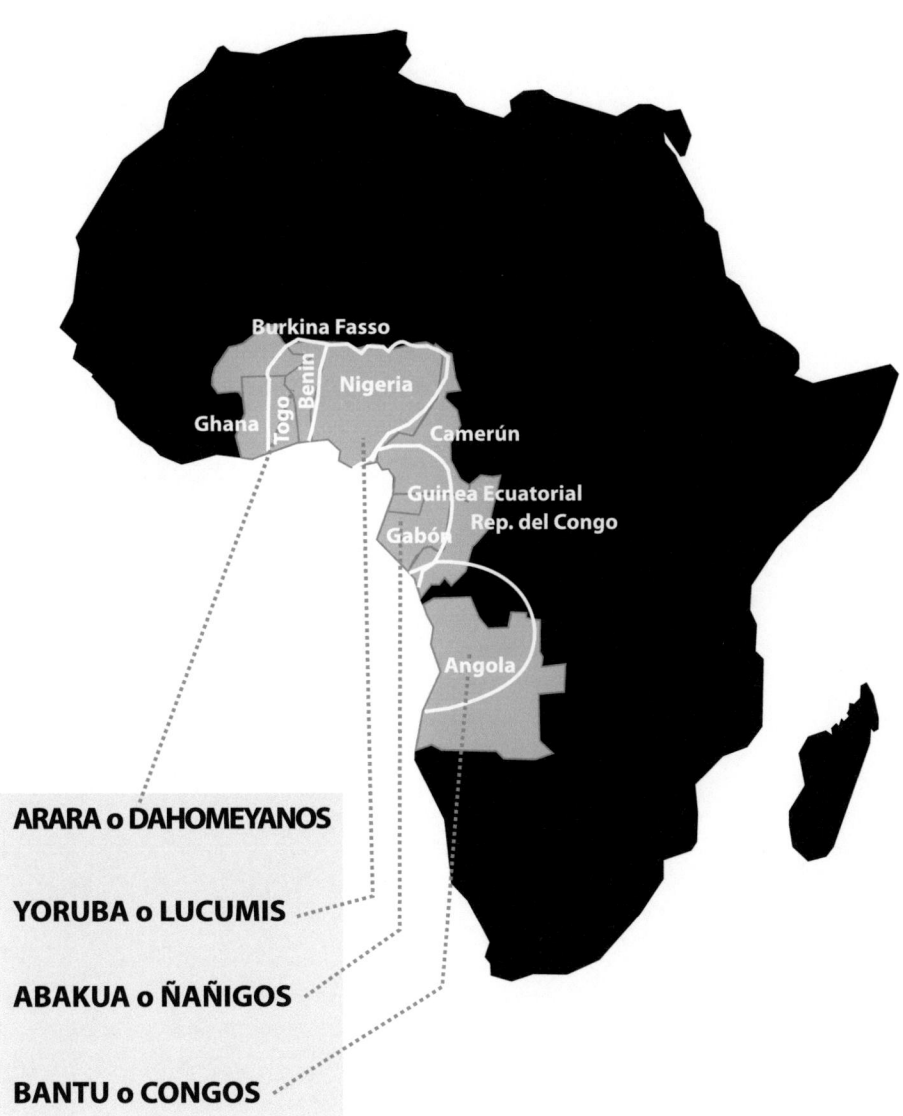

ARARA o DAHOMEYANOS

YORUBA o LUCUMIS

ABAKUA o ÑAÑIGOS

BANTU o CONGOS

Si bien las cuatro etnias señaladas (cuyo origen geográfico se muestra en el mapa sobre los nombres actuales de los diferentes países) influyeron grandemente en la música cubana, abordaremos en los próximos dos capítulos el aporte de dos de ellas: bantú y yoruba.

Ciclo Congo. Antecedente Bantú

Según el doctor Lino Arturo Neira Betancourt, en su libro *La percusión en la música cubana*: «Un importante componente del ascendente africano de la cultura de Cuba, procede de la etnia *bantú*. A los esclavos de este origen se les conoce como congos, por provenir del antiguo Reino del Congo, donde hoy se localizan la República Democrática del Congo, la República del Congo y la República de Angola (...) donde se mezclaban diferentes tribus, dialectos, hábitos y costumbres de vida».

De acuerdo con el mismo autor, «las tradiciones religiosas congas se conocen como *regla de palo*, y a sus creyentes se les llama *paleros*». El nombre de la regla proviene de que en Cuba los troncos y raíces de los árboles son conocidos popularmente con el nombre de palos. Es importante tener en cuenta además que en sus creencias, los *paleros* les atribuyen *fuerzas* o poderes mágicos precisamente a elementos de la naturaleza tales como árboles y plantas.

Las prácticas de la *regla de palo* en la mayor de las Antillas se diferencian según su distribución geográfica, costumbres y variantes. Esta realidad generó los cuatro conjuntos instrumentales que en la actualidad se tocan en las festividades congas cubanas. Al respecto afirma Neira Betancourt: «de ellos los más conocidos son: yuca, palo y makuta».

En este trabajo centraremos nuestra atención en el palo y la makuta, en versión del Conjunto Folklórico Nacional de Cuba; primero en su versión folklórica, donde cada percusionista ejecuta un tambor o campana, y luego en adaptaciones para un solo percusionista en dos y tres congas.

Palo

Esta agrupación se conoció en un principio por el nombre que en algunas de las lenguas congas se le daba al tambor: *ngoma*.

Está constituida por tres pequeños tambores que originalmente se construían con barriles en la boca de los cuales se clavaba una membrana de cuero animal, en tanto que la parte inferior se mantenía cerrada. Completaba el conjunto un *hierro* o *guataca* (originalmente se usaba para este fin la parte de hierro de una herramienta similar a la que en el Río de la Plata llamamos azada). Este tipo de tambores se afinaba en un principio colocándolo al sol. Su forma no permaneció ajena al transcurso del tiempo, así su tamaño varió, se hicieron más grandes, mientras que la tapa del fondo, desapareció. De allí en más, cambió la forma de afinación, que desde entonces se realizará mediante la aplicación de fuego desde el interior del instrumento. Bajo su nueva forma, el instrumento también cambió de nombre, pasándose a llamar *tumbadoras*, que asimismo se modificarían con el paso del tiempo. En efecto, hacia la mitad del siglo XX, se les añadió el aro y las llaves de tensión para afinarlas.

De acuerdo con Neira Betancourt: «Dentro del conjunto instrumental las tumbadoras se decoran con dibujos o diseños congos, y se animan ritualmente antes de cada festividad, que se distingue por sus toques, cantos y danzas. A diferencia del resto de los toques de otras culturas, en el palo se emplea una técnica de ejecución: el uso de ambas manos sobre la membrana, con todos los requiebros rítmicos y tímbricos que ello permite».

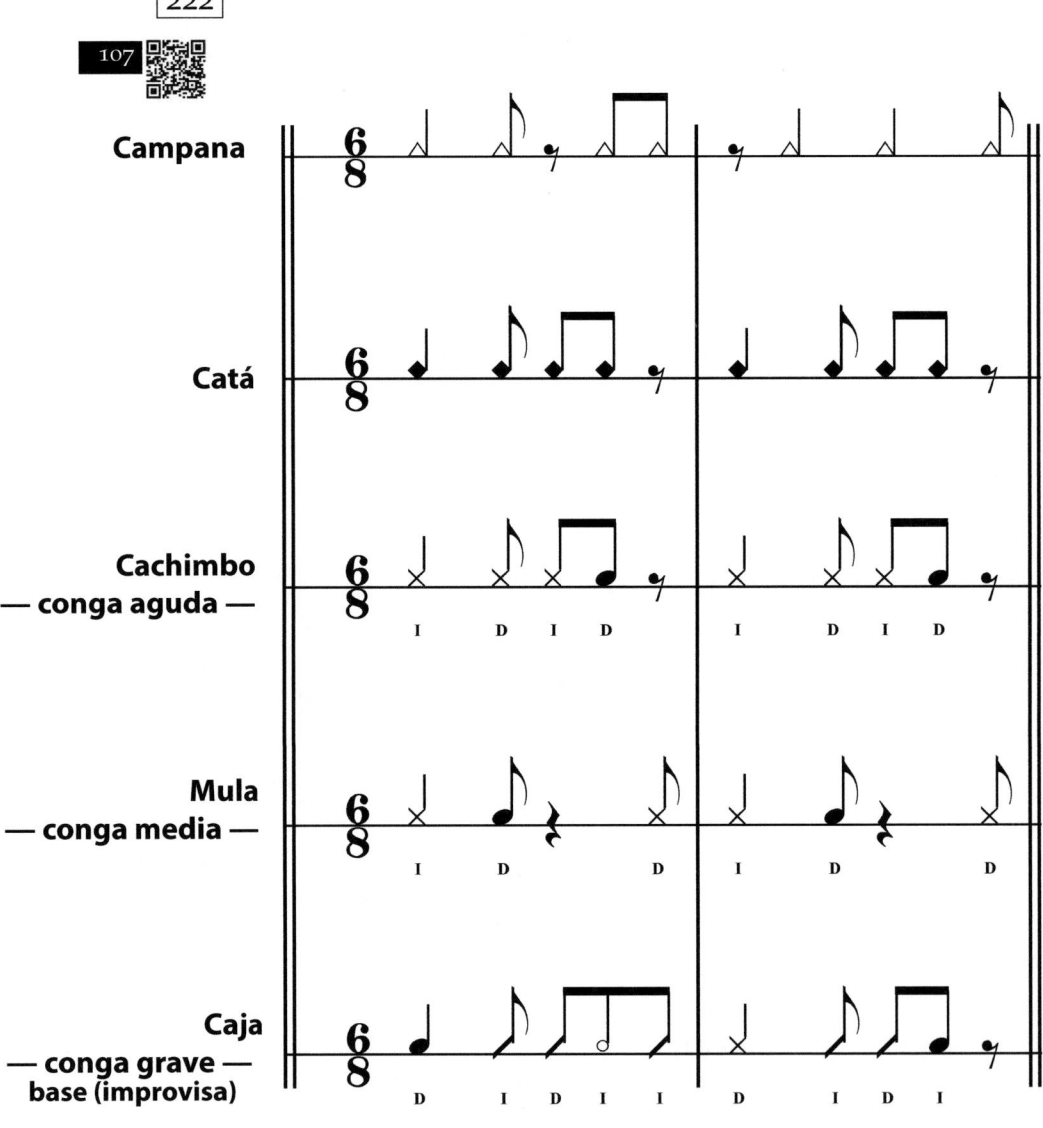

El número de tumbadoras que se usan es de tres. Las mismas se organizan de mayor a menor y del tono grave al agudo. Cada una de ellas recibe un nombre, a saber: *caja*, *mula* y *cachimbo*. La primera tiene una función improvisatoria; mientras las otras dos aseguran la base. La guía metrorrítmica se ejecuta golpeando con una varilla de metal sobre la *guataca*.

Ejemplo de dos congas

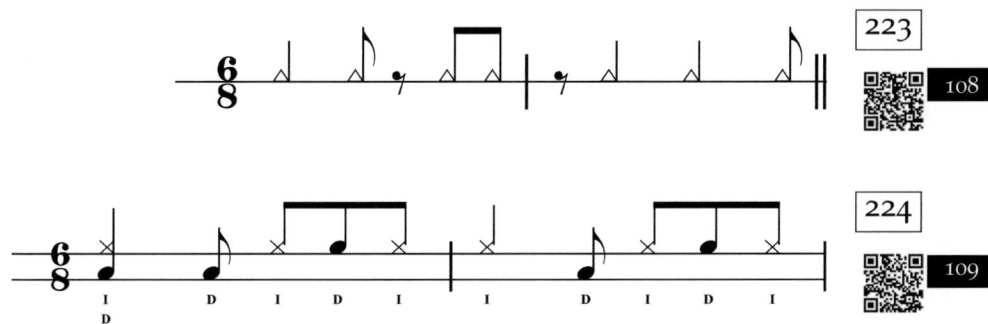

Los siguientes tres ejemplos son adaptaciones para ejecutar en tres congas:

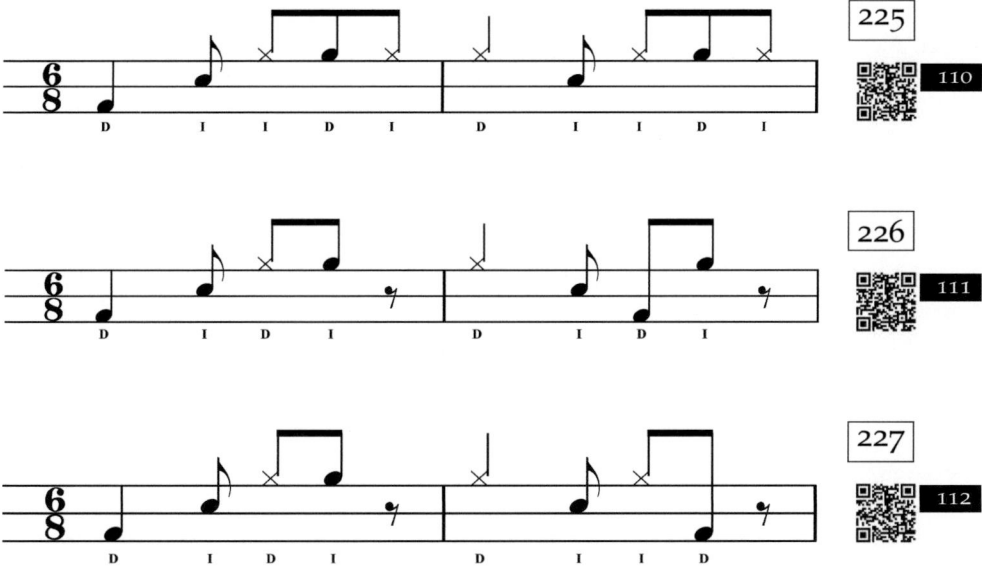

Makuta

Según lo define el doctor Neira Betancourt en su obra ya citada, «este tipo de conjunto de los congos contiene la mayor diversidad instrumental de Cuba. Originalmente estuvo integrado por tres tambores, de los que ahora sólo se conservan dos, que difieren por su morfología y sistema de tensión en las regiones que mantienen esta tradición».

La tipología de estos tambores es variada. Con respecto a ella, afirma el investigador cubano que puede ir: «desde instrumentos con forma de barril y cuero clavado o tensado con llaves, hasta otros con forma cónica y afinados con llave o tensados por medio de cuñas parietales». Y agrega que: «en todos los casos, en los conjuntos ha permanecido el golpeo sobre un tronco (*catá*) y un hierro o guataca».

Remontándonos a sus orígenes, hemos de comprobar que la makuta fue la festividad en la cual se coronaba en Africa a los reyes congos.

La trascendencia de la makuta es grande. A tanto ha llegado, que hoy en día las más importantes agrupaciones folclóricas profesionales de Cuba la tienen como parte fundamental de su repertorio.

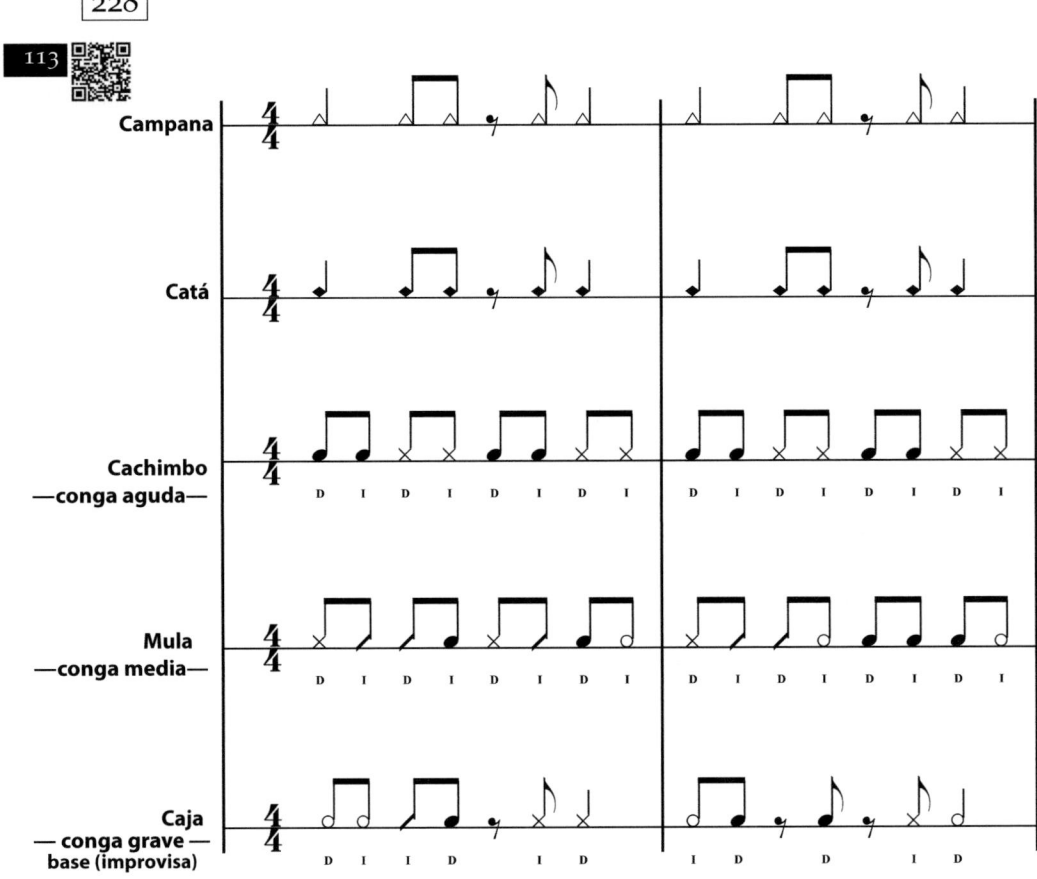

Dichas agrupaciones interpretan su música con un conjunto que sustituye los tambores por tres tumbadoras. Los tambores *cachimbo* y *mula* se ejecutan a mano limpia al igual que la caja, aunque en algunas agrupaciones ésta también se percute con un palo y la mano.

Los toques de makuta se basan en una polirritmia propia, que caracteriza el repertorio de cantos y danzas congos de cada provincia de Cuba.

En dos congas:

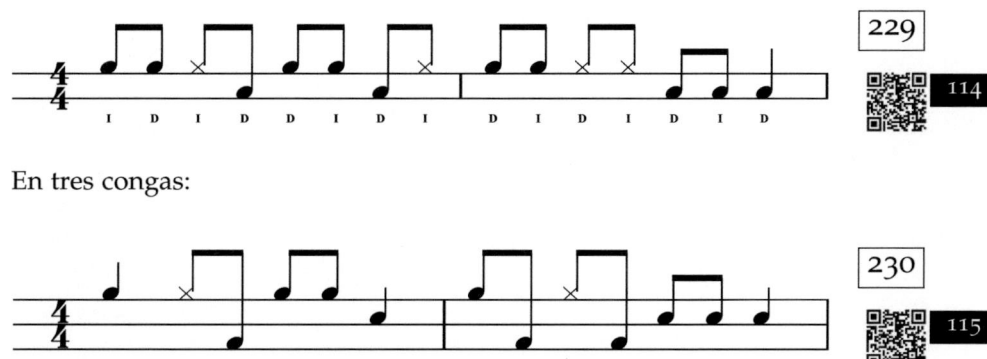

En tres congas:

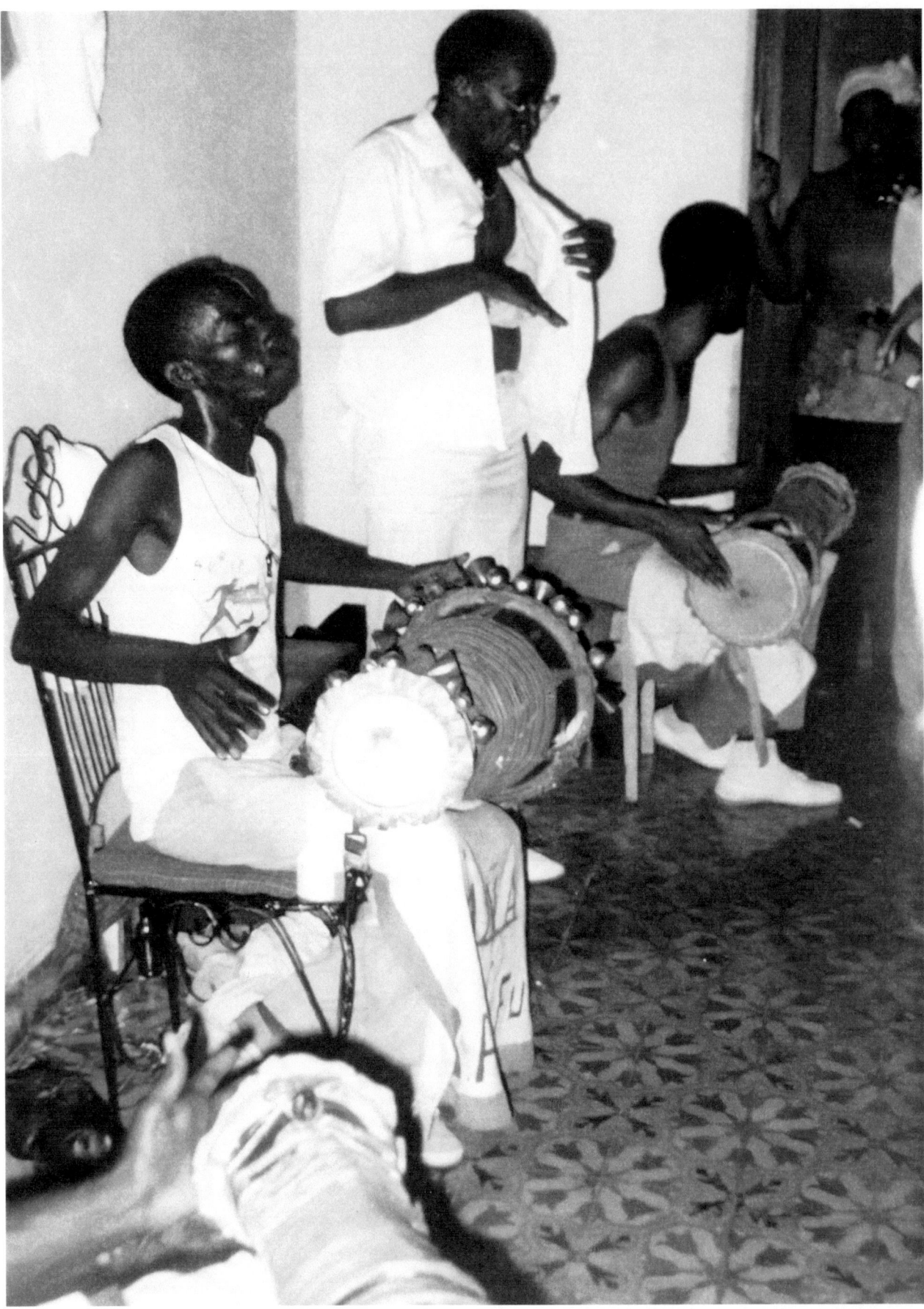

Toque de Santo, La Habana (1990). *Créditos: Sergio Tulbovitz.*

Toque de los tambores batá en tres congas. Antecedente Yoruba

LOS TAMBORES batá son los instrumentos más sagrados y complejos de la música ritual asociada a las diferentes religiones afrocubanas.

Se utilizan en los diferentes ritos de la santería, que es actualmente el culto popular más difundido entre la población cubana. La santería es el resultado del sincretismo de las prácticas religiosas africanas con la religión católica impuesta a los esclavos por parte de los colonizadores españoles. Según Miguel Tallo en su libro *Introducción a la percusión afrocubana*:

> Esta religión se fundamenta en la adoración a los orishas o santos, divinidades que poseen las virtudes y defectos de los hombres. Estos orishas a lo largo de su mitología evocan hechos, aventuras y etapas de su vida, que son rememorados por sus devotos con distintos cantos, toques y danzas.

Los tambores batá forman una unidad de tres tambores, cada uno ejecutado por un percusionista; se denominan de mayor a menor y de grave a agudo: Iya, Itótele y Okónkolo. Existen muchos toques para los diferentes orishas, con una gran riqueza melódica y polirrítmica.

En este trabajo presentamos algunos de los toques más populares, en una versión para ser interpretados en tres congas por un percusionista.

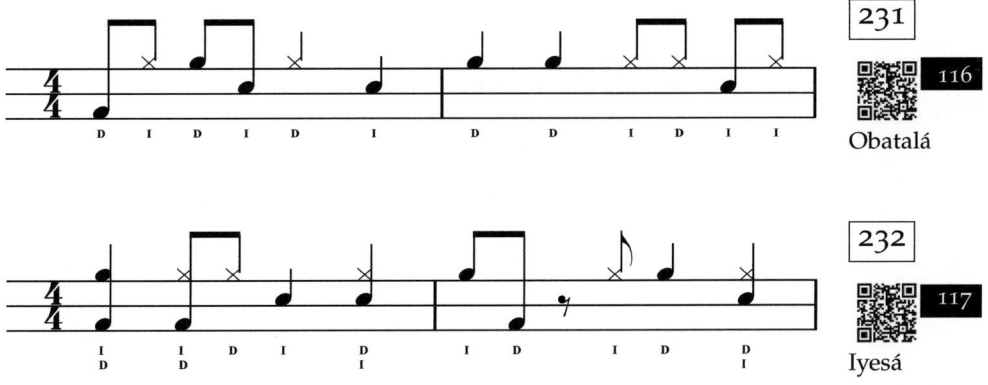

233 · 118 · Chachalokafun

234 · 119 · Elegua (Latopa)

235 · 120 · Obatalá (Akete Oba)

236 · 121 · Obaloke

237 · 122 · Obaloke (llamada)

238 · 123 · Tui-tui de Oyá

239 · 124 · Ñongo

El siguiente ejemplo es una adaptación de los tres chékeres que se ejecutan en el llamado «toque de güiro», tomando como referencia las figuras ejecutadas en la base del chékere.

Luciano «Chano» Pozo González (1915-1948).

Ejercicios de independencia

ACTUALMENTE es muy común ver a un conguero tocar un ritmo o improvisar con una mano, mientras la otra mano toca un ostinato haciendo la clave o patrón de campana.

Los siguientes ejemplos se ejecutan con un palo en una mano tocando la clave de rumba en un jam block o campana y la otra mano en la conga.

Se sugiere trabajar cada ejemplo separadamente hasta controlar bien cada uno de ellos y luego tocarlos todos sin parar de principio a fin.

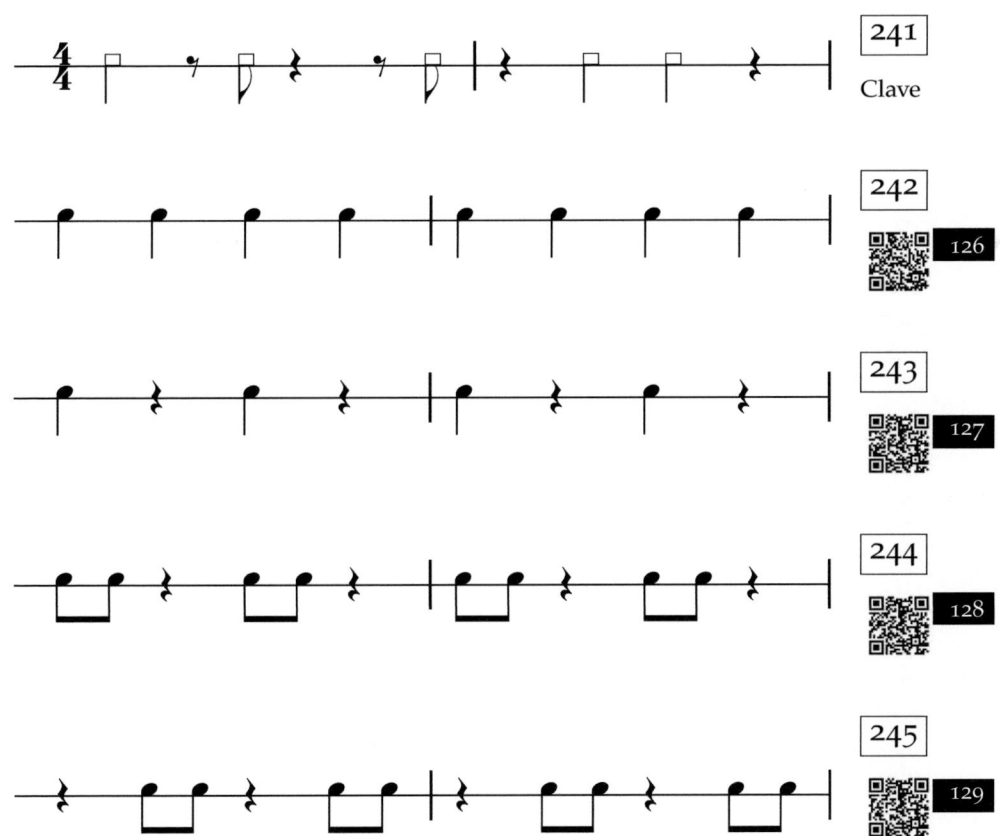

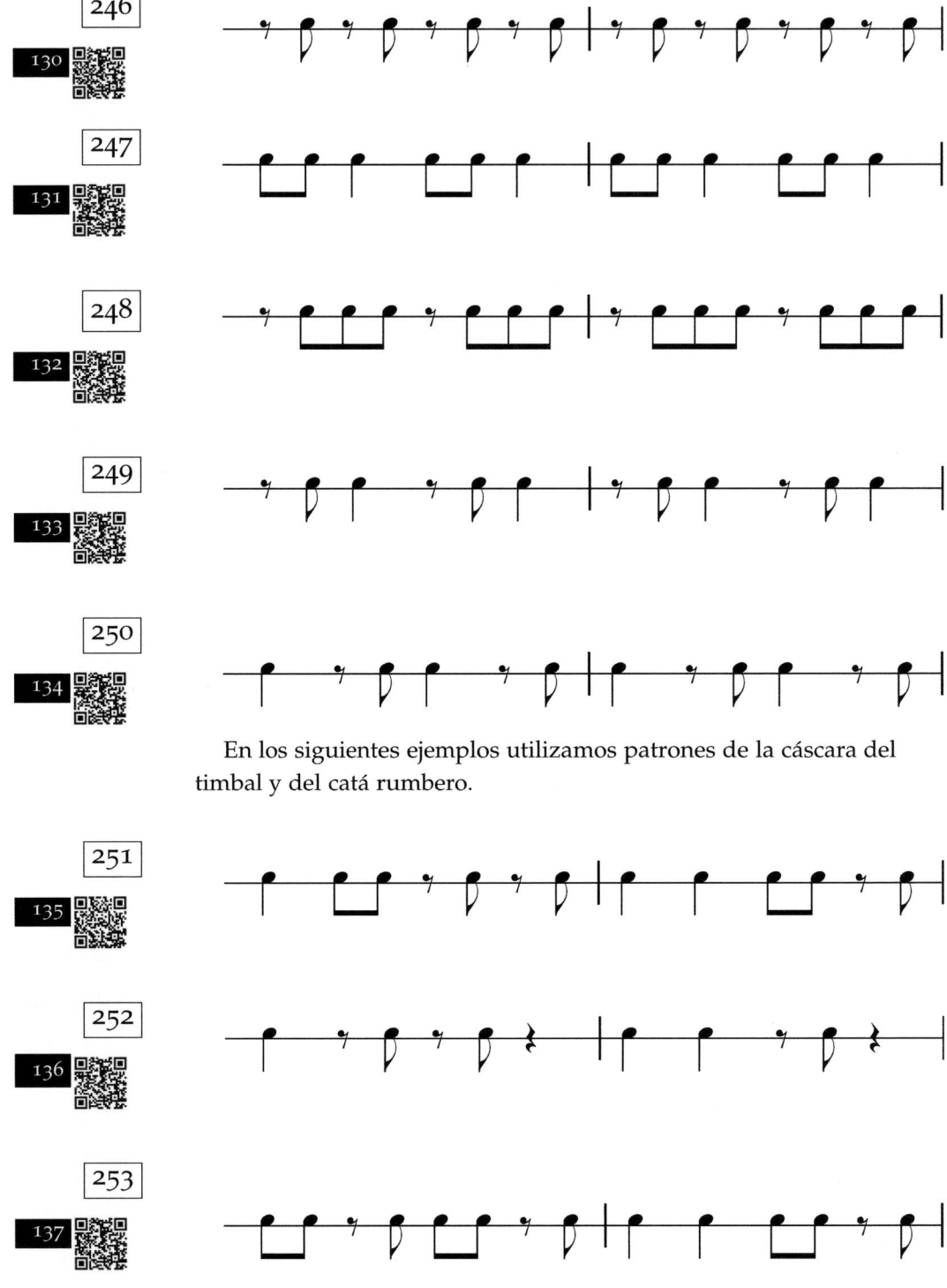

En los siguientes ejemplos utilizamos patrones de la cáscara del timbal y del catá rumbero.

Tocamos ahora frases del quinto del guaguancó manteniendo la clave en una mano.

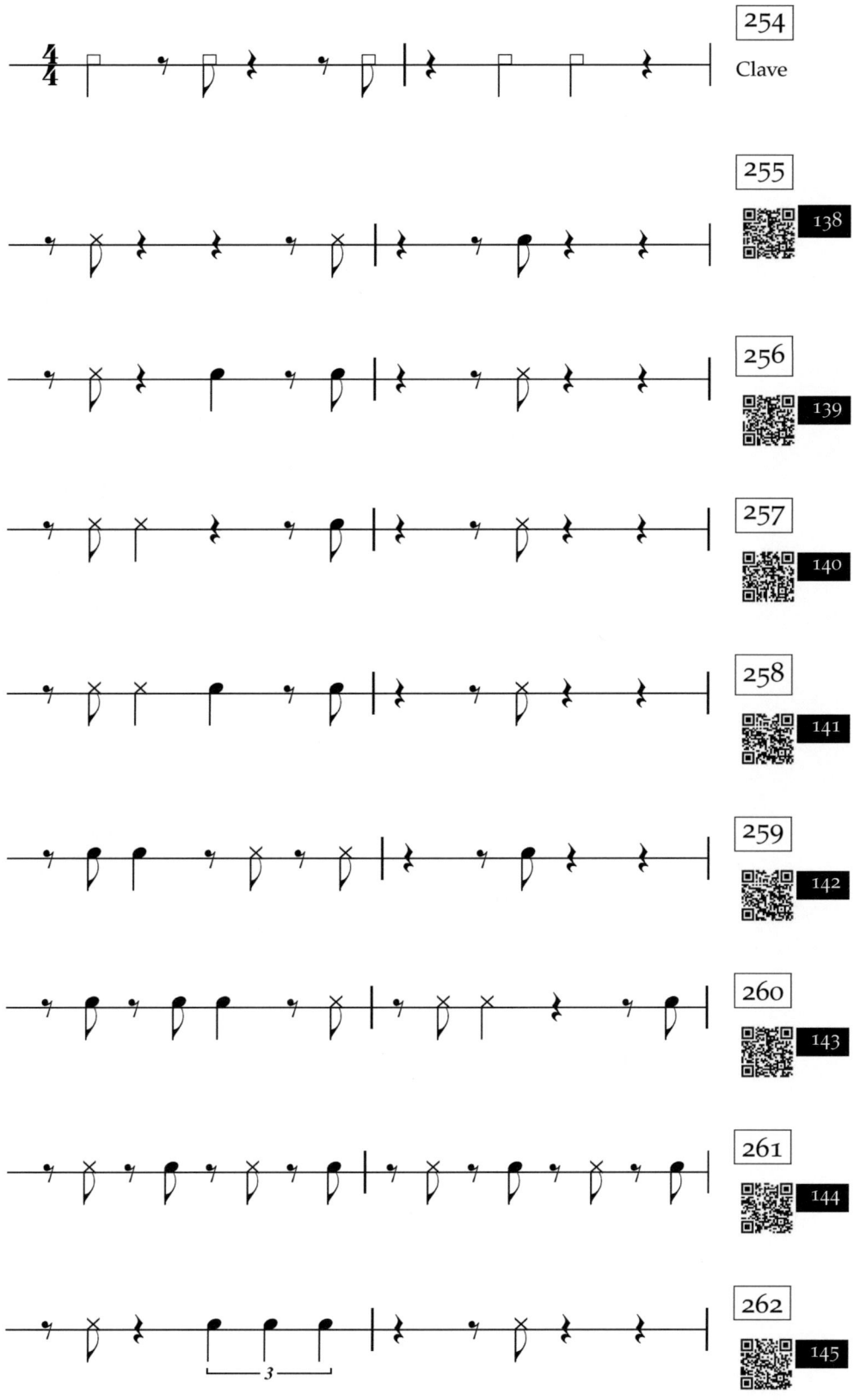

Cuerda de Tambores barrio Palermo, Montevideo (2006).

El Candombe

El aporte a la cultura y la música uruguaya de los descendientes de africanos esclavizados en el territorio que hoy ocupa el Uruguay está comprendido dentro del denominado «complejo candombe». Forman parte de éste distintas manifestaciones relacionadas con la cultura afro como la música de tambores, las comparsas o Sociedades de Negros y Lubolos, el Desfile Oficial de Llamadas, el candombe canción, etc., siendo la primera –la música de tambores– la base del complejo.

El término «candombe» designó distintas manifestaciones a través del tiempo. Durante el siglo XIX se llamaban candombes las «salas africanas de nación» que eran las organizaciones en las que se reunían los africanos según su lugar de procedencia africana. A su vez con este término eran designadas las músicas y las danzas que tenían lugar en esos lugares.

Hoy el término candombe continúa siendo polisémico y se lo utiliza indistintamente para referirse a la música de tambores afromontevideanos, a la danza que se ejecuta con esa música, a una canción con ritmo explícito o implícito de candombe, etc.

En el tejido polirrítmico de los tambores del candombe –como se dijo, base del complejo– participan tres registros o tamaños y comportamientos musicales diferenciados: el tambor «chico», de menor tamaño y registro más agudo que realiza un toque sostenido, ininterrumpido durante toda la «llamada»; el tambor «repique» de tamaño y registro medio que alterna toques improvisados –a partir de un modelo básico– con la referencia rítmica o clave del candombe que se denomina «madera»; y el tambor «piano» que es el de mayor tamaño y sonido más grave que sostiene la base del toque de candombe.

Estos tres tambores se agrupan en diferente proporción y número para conformar una «cuerda de tambores», siendo una cuerda mínima la agrupación de un chico, un repique y un piano. Las agrupaciones o baterías de tambores marchan tocando su música por las calles de la ciudad conformando de esta manera un evento que se conoce como «llamada de tambores». En estas «llamadas» operan variantes estilísticas según su barrio de procedencia, siendo los barrios Sur, Palermo y Cordón Norte los estilos referenciales y tradicionales de la música de tambores.

Figura 7: Chichito Cabral,
Montevideo (1982).

En las comparsas del siglo XIX (1870
– 1890) las canciones del repertorio en
las que aparecen referencias al candombe o en las que se hace referencia
explícita al uso de instrumentos musicales «a la africana», aparecen bajo
los rótulos «tango» y «habanera»; el
término candombe no aparece aún
como denominación de una especie
musical.

Otras de las manifestaciones que están comprendidas dentro del
complejo candombe son las canciones o músicas instrumentales que
son reconocidas como pertenecientes a éste. En los repertorios de
las comparsas de negros del carnaval montevideano –organizadas
hacia los años 1870– comienza a aparecer a principios del siglo XX
una música cantada y bailada acompañada de tambores y otros
instrumentos musicales, bajo la denominación «candombe».

Hacia la década del '30 en pleno auge de las orquestas de tango
rioplatense, el compositor uruguayo Pintín Castellanos incorpora a su repertorio algunos candombes acompañados por un trío
de tamboriles. En esta línea se inscriben también Romeo Gavioli
y más recientemente, la intérprete Lágrima Ríos. Con una vincu-
lación muy fuerte con la música afrocubana aparece algunos años
más tarde el compositor Pedro Ferreira que en su conjunto «Cu-
banacán» incorpora tumbadoras para ejecutar repertorio cubano,
manteniendo el trío de tambores para el candombe.

La incorporación de las tumbadoras –instrumento sobre el que trata el presente libro de Sergio Tulbovitz– al candombe se atribuye al grupo musical «El Kinto» cuyos percusionistas fueron Ruben Rada y Mario «Chichito» Cabral. A estas presencias de músicos percusionistas en el candombe canción se sumaron después Yamandú Pérez, Jorge Trasante, Juan Carlos «Boca» Ferreira, Walter «Nego» Haedo, Fernando «Lobo» Nuñez, Nicolás Arnicho, «Tatita» Márquez, el mismo Sergio Tulbovitz, entre otros.

El hecho de tocar candombe en tumbadoras supone la reinterpretación de la polirritmia formada por los tres tambores que se tocan con una baqueta y una mano para ser ejecutada por las manos de un solo percusionista en dos o tres congas. También supone un serio trabajo de transcripción que incluye la toma de algunas decisiones que tienen que ver con las convenciones en la escritura musical utilizada en los métodos y manuales para instrumentos de percusión afrocubana que circulan entre los estudiantes de música. Para el caso de los ritmos cubanos se adopta el criterio de escribir la clave en dos compases de 4/4, y en el caso del candombe se respeta el estilo de escritura utilizado por quienes han realizado transcripciones de toques de tambor (Luis Ferreira, Luis Jure y otros).

Sergio Tulbovitz realiza este trabajo basado en su excelente formación y experiencia musical, y en las experiencias que ha logrado atesorar de otros músicos que hacen que la música del candombe se mantenga con una vigencia plena.

Gustavo Goldman
Licenciado en Musicología / Músico

Los tambores del Candombe

263
146

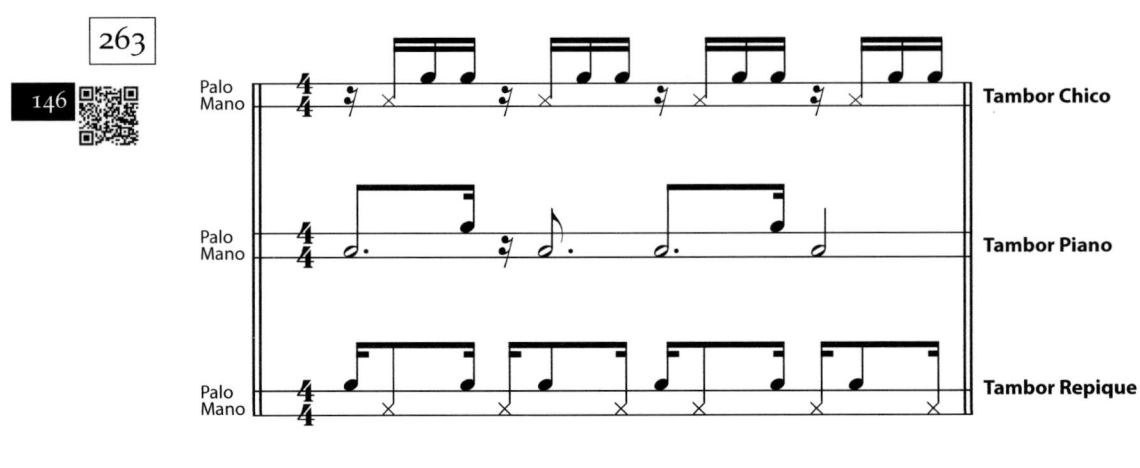

264

Clave
(madera)

Estos ejemplos son versiones del percusionista Daniel «Tatita» Márquez.

En dos congas

265
147

266
148

Variaciones de Piano
«Cuareim»

267
149

En tres congas

268
150

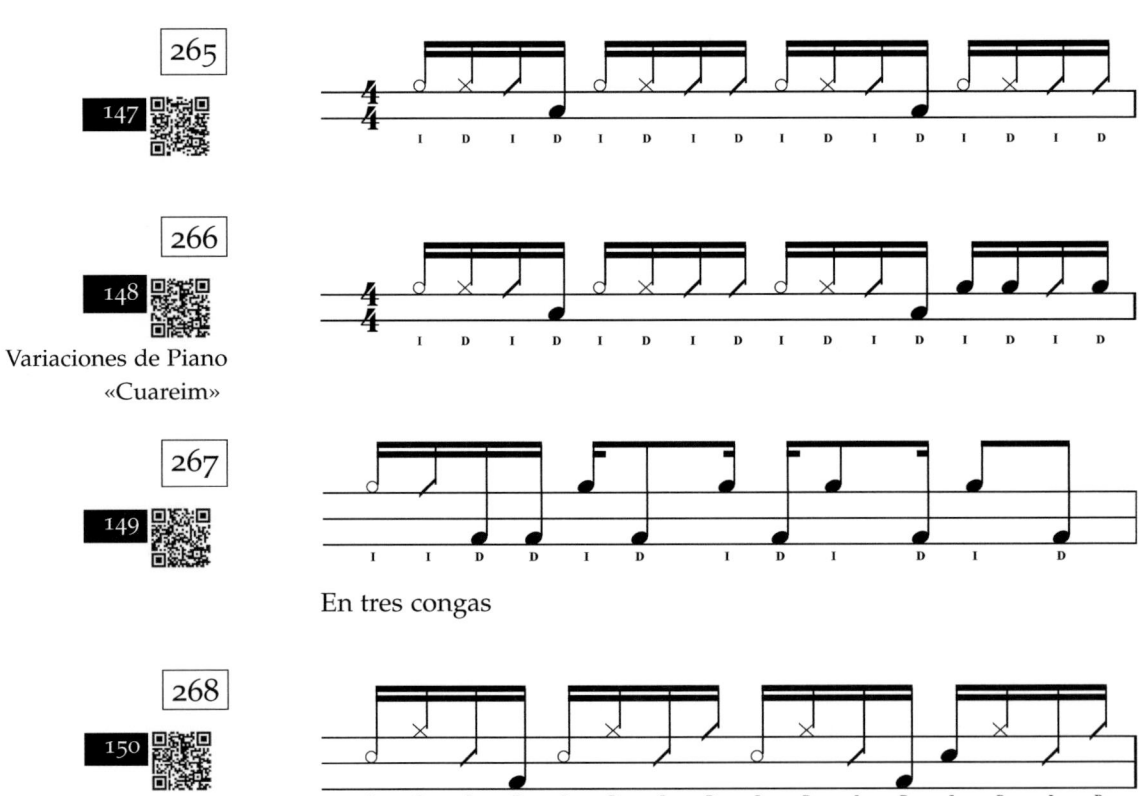

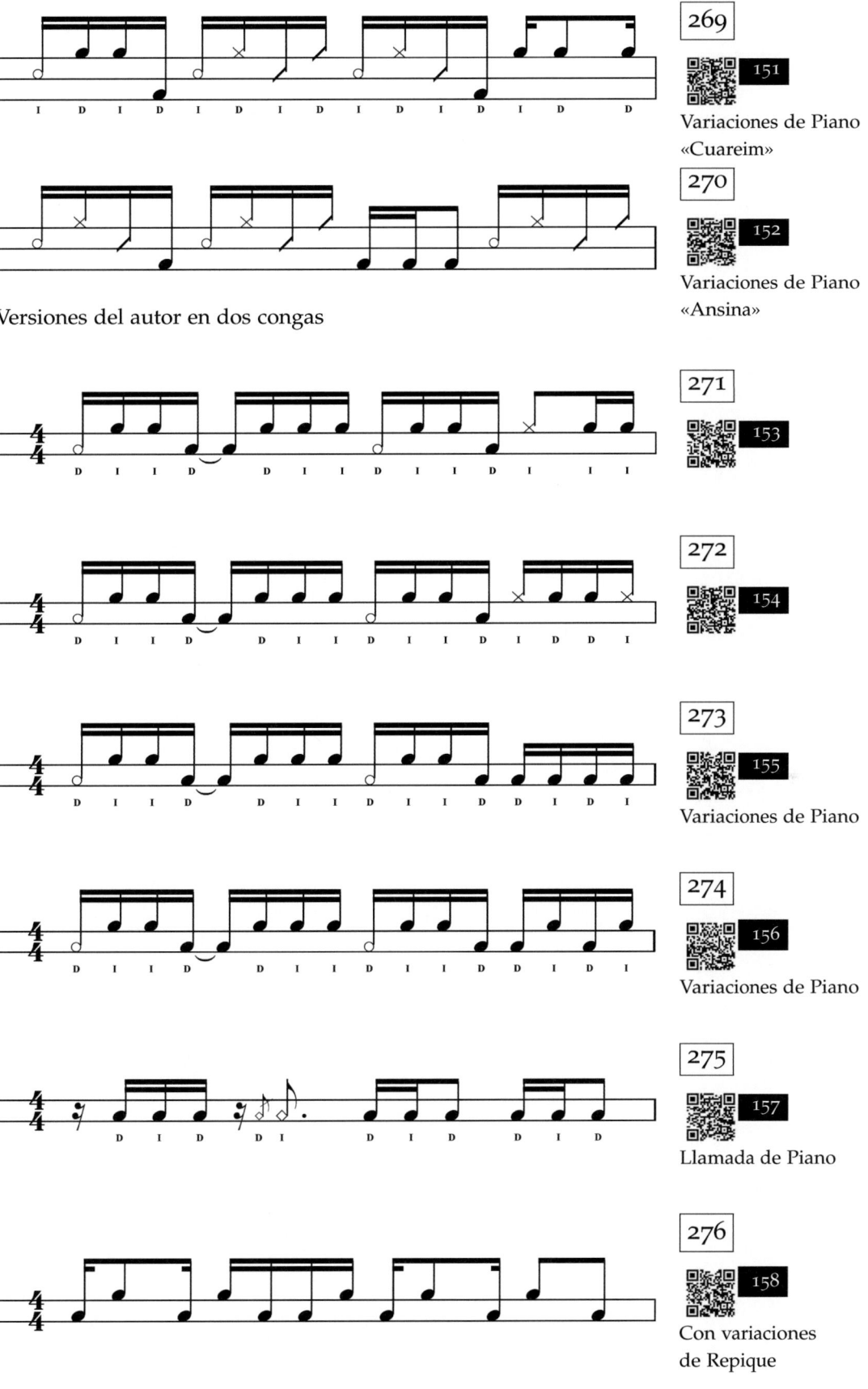

269

151

Variaciones de Piano
«Cuareim»

270

152

Variaciones de Piano
«Ansina»

Versiones del autor en dos congas

271

153

272

154

273

155

Variaciones de Piano

274

156

Variaciones de Piano

275

157

Llamada de Piano

276

158

Con variaciones
de Repique

277

Con variaciones
de Repique

Grabado por el autor en el tema
«Capitán Maragno» del CD «Identida-
des» de La Tin Banda (Perro Andaluz,
PA 2392-2).

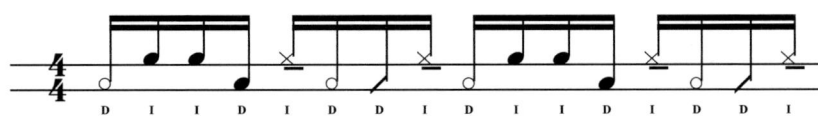

El siguiente ejemplo es una fusión de candombe con elementos
de songo.

278

Versión en tres congas

279

Bibliografía

Acosta, Leonardo, *Otra visión de la música popular cubana*, Letras Cubanas, La Habana, 2004.

Alencar Pinto de, Guilherme, *Razones locas. El paso de Eduardo Mateo por la música uruguaya*, Productora Editorial, Montevideo, 1994.

Bolívar, Natalia, *Los Orishas en Cuba*, Ediciones Fundación Pablo Milanés, La Habana, 1994.

Balbuena Gutiérrez, Bárbara, *Las celebraciones rituales festivas en la Regla de Ocha*, Centro de Investigación y Desarrollo de la Cultura Cubana Juan Marinello, La Habana, 2003.

Centro de Investigación y desarrollo de la música cubana, *Instrumentos de la música folclórico-popular de Cuba*, Editorial de Ciencias Sociales, La Habana, 1997.

Ferreira, Luis, *Los tambores del candombe*, Ediciones Colihue, Montevideo, 1993.

Goldman, Gustavo, *¡Salve Baltasar! La fiesta de reyes en el barrio sur de Montevideo*, Perro Andaluz Ediciones, Montevideo, 2004 (1997).

León, Argeliers, *Del canto y el tiempo*, Editorial Pueblo y Educación, La Habana, 1987.

Neira, Lino, *La percusión en los géneros musicales de Cuba*, Editorial Adagio, La Habana, 2004.

Orovio, Helio, *Diccionario de la música cubana*, Editorial Letras Cubanas, La Habana, 1981.

Ortiz, Fernando, *Africanía de la música folklórica de Cuba*, Editora Universitaria La Habana, 1965.

Además, para la realización de esta obra se utilizaron apuntes de clases tomados por el autor en el Instituto Superior de Arte de La Habana, Cuba, durante los cursos 1985-1991.

Discografía recomendada

No son todos los que están. Esta brevísima lista es solo una muestra que permite una contextualización equilibrada de los diferentes ritmos expuestos.

Pacho Alonso	Niebla del Riachuelo
Tata Güines y Angá	Pasaporte
Mongo Santamaría	Live at the Jazz Alley
Carlos «Patato» Valdés	The Legend of Cuban Percussion
Cachao	Descarga Cubana
Cubanismo	The very best of Cubanismo
Irakere	The best of Irakere
Afrocuban All Stars	A toda Cuba le gusta
Los Muñequitos de Matanzas	50 Aniversario
Carlos Embale	Rumbero mayor
Yoruba Andabo	El Callejon de los Rumberos
Los Van Van	La Colección Cubana
Giovanni Hidalgo	Villa Hidalgo
Conjunto de Percusión de Danza Nacional de Cuba	Homenaje a Jesús Pérez
Tótem	Tótem
	Descarga
Jorge Galemire	Segundos afuera
Jaime Roos	Para espantar al sueño
	Siempre son las cuatro
	Fuera de ambiente
Cachila, Cureim 1080	Uruguay: Tambores del Candombe N° 2